国家示范性高等职业院校成果教材

新能源汽车技术系列

新能源汽车技术

（第2版）

马德粮　主编

U0361901

清华大学出版社

北京

内 容 简 介

本书介绍了新能源汽车的定义与分类、发展新能源汽车的意义,以及新能源汽车发展现状;详细描述了替代燃料汽车、汽车电动化技术的基础知识、纯电动汽车、混合动力电动汽车、燃料电池电动汽车的基础知识;列举了目前市场上的典型新能源汽车实例,并系统地介绍了其结构;同时对电动汽车的充电技术进行了全面而系统的介绍。

本书内容丰富、图文并茂、实用性强,可作为高等院校汽车相关专业的教材,也可作为广大汽车爱好者的新能源汽车方面的科普图书。

图书在版编目(CIP)数据

新能源汽车技术/马德粮主编. —2 版. —北京:清华大学出版社,2020.4(2023.2重印)
国家示范性高等职业院校成果教材.新能源汽车技术系列
ISBN 978-7-302-55213-0

Ⅰ.①新… Ⅱ.①马… Ⅲ.①新能源－汽车－高等职业教育－教材 Ⅳ.①U469.7

中国版本图书馆 CIP 数据核字(2020)第 046118 号

责任编辑:许 龙
封面设计:常雪影
责任校对:刘玉霞
责任印制:朱雨萌

出版发行:清华大学出版社
　　　网　　　址:http://www.tup.com.cn,http://www.wqbook.com
　　　地　　　址:北京清华大学学研大厦 A 座　　　　　　邮　　编:100084
　　　社 总 机:010-83470000　　　　　　　　　　　　邮　　购:010-62786544
　　　投稿与读者服务:010-62776969,c-service@tup.tsinghua.edu.cn
　　　质量反馈:010-62772015,zhiliang@tup.tsinghua.edu.cn
印 装 者:三河市科茂嘉荣印务有限公司
经　　销:全国新华书店
开　　本:185mm×260mm　　印　张:9.5　　　　　　字　　数:227 千字
版　　次:2017 年 5 月第 1 版　2020 年 5 月第 2 版　　印　次:2023 年 2 月第 4 次印刷
定　　价:35.00 元

产品编号:087110-01

前言

随着世界能源危机和环保问题的日益突出,汽车工业面临着严峻的挑战。一方面,石油资源短缺,汽车是油耗大户,且目前内燃机的热效率较低,燃料燃烧产生的热能只有 $35\%\sim40\%$ 用于实际汽车行驶,节节攀升的汽车保有量更加剧了这一矛盾;另一方面,汽车的大量使用加剧了环境污染,城市大气中有害气体的含量,如 CO 的 82%、NO_x 的 48%、HC 的 58% 和微粒的 8% 来自汽车尾气。此外,汽车排放的大量 CO_2 加剧了温室效应,汽车噪声是环境噪声污染的主要内容之一。面对这些挑战,各国政府及产业界积极应对,纷纷提出各自的发展战略。新能源汽车成为 21 世纪汽车工业的发展热点。

新能源汽车使用以不造成或者减轻环境污染为目标的绿色新能源作为石化能源的替代品,可同时解决环境污染和能源困局双重问题。新能源汽车是一种利用新兴能源来支持汽车运行、给汽车提供动力的新型汽车。新能源汽车有别于传统能源汽车,主要是针对支持汽车动力燃料的不同而言,传统燃料汽车一般使用汽油和柴油,而新能源汽车已经超越于传统能源,包括纯电动汽车、燃料电池汽车、混合动力汽车和氢能源动力汽车等。

新能源汽车大致上可以分成两种:一种是完全脱离石油供给使汽车产生动力,包括纯电动汽车、燃料电池汽车等;另一种是不完全使用传统能源使汽车产生动力,包括混合动力汽车和乙醇汽车等。

本书全面而系统地论述了新能源汽车的基础知识,分别介绍了新能源汽车的定义与分类,汽车电动化技术的基础知识,纯电动汽车、混合动力电动汽车、燃料电池电动汽车等新能源汽车。全书内容翔实,图文并茂。

本书由马德粮整体规划和统稿,马德粮编写了第 1~5 章,蔡辰光编写了第 6 章,朱小春编写了第 7 章。

全书由深圳职业技术学院汽车与交通学院董铸荣教授主审,他仔细审阅了全部文稿和图稿,提出了很多宝贵意见和建议,在此表示衷心的感谢。

编者在本书的编写过程中查阅了大量的文献和网上资料,引用了一些网上资料和参考文献中的部分内容,在此特向其作者表示深切的谢意。同时,对书中所用图片的拍摄者也表示感谢。

由于时间仓促,书中难免会有疏漏之处,希望读者予以谅解并指正,以便再版时修正补充。

编　　者

2019 年 12 月

目录

第 1 章　绪论

　　汽车产业的发展始终伴随着石油消耗和大气环境污染的双重危机。汽车的迅速普及,在改善居民生活的同时也产生了诸如能源、环保等方面的问题。石油资源短缺与日益增长的汽车保有量之间的矛盾日益加剧。汽车尾气排放是造成环境污染和全球温室气体排放的主要来源之一,随着汽车排放相关法规的日益严格,传统汽车将无法满足严格的环保要求,汽车工业转型已是大势所趋。

1.1　新能源汽车的定义与分类

1.1.1　新能源汽车的定义

　　新能源汽车的定义在中国有一个不断变化的过程,在此过程中,中国新能源汽车的定义和包括的车辆类型逐渐由模糊变得清晰,同时也越来越科学规范。

　　根据《新能源汽车生产企业及产品准入管理规则》的主要政策,在 2009 年中国出现了“新能源汽车”的概念,包括混合动力汽车、纯电动汽车(battery electric vehicle,BEV,包括太阳能汽车)、燃料电池电动汽车(fuel cell electric vehicle,FCEV)、氢发动机汽车、其他新能源(如高效储能器、二甲醚)汽车等多个类别产品。当时新能源汽车的主要特征是采用非常规的车用燃料作为动力来源(或使用常规的车用燃料、采用新型车载动力装置),综合车辆的动力控制和驱动方面的先进技术,形成的技术原理先进,具有新技术、新结构的汽车。

　　根据《节能与新能源汽车产业发展规划(2012—2020 年)》的主要政策,2012 年依然沿用“新能源汽车”名词,但分类仅包括插电式混合动力汽车、纯电动汽车和燃料电池汽车,其主要特征是采用新型动力系统,完全或主要依靠新型能源驱动。

1.1.2　新能源汽车的分类

　　就中国而言,新能源汽车是对“new energy vehicles”(NEV)的翻译,在中国当代语境下,新能源汽车主要是指纯电动汽车、混合动力汽车、燃料电池汽车三种。美国对于“新能源汽车”的定义指的是“替代燃料汽车”(alternative fuel vehicle,AFV),这一定义与中国的相比更加宽泛。基于 1992 年美国能源政策法案的定义,替代燃料包括生物柴油、天然气、丙烷、电力、E85 乙醇汽油、甲醇、煤基能源等。替代燃料汽车是一种设计为至少使用一种替代燃料驱动的专用、灵活燃料或双燃料汽车。

1. 纯电动汽车

纯电动汽车(BEV)顾名思义就是纯粹靠电能驱动(如铅酸电池、镍镉电池、镍氢电池或锂离子电池),而不需要其他能量(如汽油、柴油等)的车辆。它可以通过家用电源(普通插座)、专用充电桩或者特定的充电场所进行充电,以满足日常的行驶需求。

2. 混合动力电动汽车

广义上讲,混合动力汽车(hybrid vehicle)是指车辆驱动系统由两个或多个能同时运转的单个驱动系统联合组成的车辆,车辆的行驶功率依据实际的车辆行驶状态由单个驱动系统单独或共同提供。

通常所说的混合动力汽车,一般是指油电混合动力汽车(hybrid electric vehicle,HEV),即采用传统的内燃机(柴油机或汽油机)和电机作为动力源。

3. 燃料电池汽车

燃料电池汽车(FCEV)是利用氢气等燃料和空气中的氧在催化剂的作用下在燃料电池中经电化学反应产生电能,并作为主要动力源驱动的汽车。燃料电池汽车也是电动汽车的一种,结构基本类似,只不过多了一个燃料电池和氢气罐。

纯燃料电池车只有燃料电池一个动力源,汽车的所有功率负荷都由燃料电池承担。燃料电池汽车多采用混合驱动形式,在燃料电池的基础上,增加了一组电池或超级电容作为另一个动力源。

4. 其他新能源汽车

其他新能源汽车指使用高效储能器(如超级电容、飞轮等)和非常规的车用燃料(如乙醇、甲醇、二甲醚、氢气等)作为动力来源的汽车。

目前在我国,新能源汽车主要是指插电式混合动力汽车、纯电动汽车和燃料电池汽车。

1.2　我国发展新能源汽车的意义

1. 缓解石油短缺

发展新能源汽车是减少我国对国外石油依赖,解决快速增长的能源需求与石油资源终将枯竭(见图 1-1)矛盾的必由之路。近年来,我国汽车市场发展迅速,已成为全球第二大汽车市场。截至 2016 年年底,我国机动车保有量达 2.5 亿辆,其中汽车 1.7 亿辆;2016 年的汽车产销量双双突破 2400 万辆,石油年消耗量高达 3 亿 t。2016 年,我国人均 GDP 已达8000 美元,消费结构升级是必然趋势,加之我国正处于工业化、城市化和机动化转型的重要阶段,汽车需求的快速增长难以避免。我国每千人汽车拥有量为 38 辆,与 139 辆的世界平均水平存在很大差距,汽车消费市场还有相当大的发展空间。我国汽车保有量将达到 3 亿辆,如果全部使用化石能源,石油消耗量将达到 5 亿 t/年,进口量超过 58%(国际红线是

60%),油气资源形势严峻,再加上我国目前尚无保障石油进口通道的有效措施(马六甲海峡),能源安全将是我国经济发展的重大隐患。因此,大力发展新能源汽车是缓解我国石油短缺、降低石油对外依存度的重要措施。

图 1-1 夕阳下的油田

2. 降低环境污染

新能源汽车不燃烧汽油和柴油,所使用的锂电池是国际公认的环保电池。加之与传统汽车相比,电动汽车在起动时没有污染,具有极好的环保性能。就效率而言,传统汽车的能源转化效率只有 17%,电动汽车为 90%,即使考虑燃煤发电的效率损失,电动汽车的总效率也大于 30%,约为传统汽车的 2 倍,节能效果十分明显。特别是近年来,环境污染日益严重(见图 1-2),世界各国高度关注温室气体排放及气候变化问题,我国虽然是发展中国家,人均温室气体排放量水平较低,但由于我国人口众多,多年来国民经济持续快速发展,能源消

图 1-2 日益严重的环境污染

费量已居世界第二位,今后面临的国际社会的压力也将逐步增大。有调查显示,全球大约25%的二氧化碳排放源于汽车尾气。如果我国能在新能源汽车领域率先实现突破,将改变我国在气候变化问题上的被动局面,并可为解决全球日益严重的能源环境问题作出贡献。

3. 促进电力系统改革,加快智能电网建设

传统的电力系统,实际用电负荷的波动性与发电机组额定工况下所要求的用电负荷稳定性之间存在固有矛盾,如何处理电力系统的峰谷差一直是令电网企业头疼的问题。我国电力装机容量已突破8亿 kW,并将继续快速增长,但目前电站的年利用小时数仅为5000h,也就是说,许多机组是为了应对电力系统短时间的峰值负荷而建设的,如果措施得法,建设6亿 kW 的装机容量就够用了。试想,如果政府大力提倡发展新能源汽车,各个城市的居民都去买电动车,晚上用低谷的低价电为电动车充电,白天高峰时还可以用较高的价格向电网卖电,这样可起到"削峰填谷"的作用,那么峰谷差的问题就迎刃而解了。按照这样的设想建起来的电网,将具有一定的自我调节能力,电力系统的发、输、配、售、用以及调度等各个环节将形成有效的互动,成为一个智能化的有机整体,从而极大地提高电力系统的安全性和可靠性。可以预期,作为智能电网(见图1-3)建设的重要组成部分,新能源汽车将带来电力系统的一场革命。

图 1-3　国家智能电网

1.3　新能源汽车发展的现状

1.3.1　国外现状

目前,引领新能源汽车发展的主要还是美国、日本以及欧洲的一些国家。这些国家的新能源汽车技术起步比我国要早很多,其发展也各有侧重。

美国长期侧重于降低石油依赖、确保新能源安全的战略,将发展新能源汽车作为交通领域实现根本上摆脱石油依赖的重要措施,并以法律法规的形式确定了新能源汽车的战略地

位。早在克林顿时期,美国就提出了以提高燃油经济性为目标的计划,混合动力是当时主要的技术解决方案。到了布什时期,变为追求零排放和零石油依赖,技术解决方案主要是氢燃料电池汽车,后来还计划用 10 年的时间实现 20% 的石油替代和节约,主要措施是生物质燃料。国际金融危机以后,奥巴马政府将大力发展电动汽车作为实施新能源战略的重要内容,提出了总额 40 亿美元的动力电池以及电动汽车研发和产业化的计划,产品上选择了以插电式混合动力电动车为重点。

日本长期坚持确保能源安全和提高产业竞争力的双重战略,通过制定国家目标引导新能源汽车产业的发展,同时高度重视技术创新。2006 年,日本提出了新的国家能源战略,目标是到 2030 年交通领域对石油的依赖从 100% 降到 80%。为配合新能源战略的实施,日本提出了下一代汽车燃料计划,明确提出改善和提高汽车燃油经济性标准,推进生物质燃料的应用,促进电动汽车和燃料电池汽车的应用等。近年来,日本又将大力发展电动汽车作为低碳革命的重要内容,并且计划到 2020 年底普及以电动汽车为主体的下一代汽车。目前,日本正全面发展三类电动汽车,其混合动力电动汽车的全球销量第一;在纯电驱动汽车方面,日本的产品规划和产业化推进步伐也是最快的。另外,日本燃料电池产品的研发和产业化推进也领先于其他国家。

相对于美国和日本,欧洲更加侧重于温室气体减排战略,满足日益严格的二氧化碳排放限制要求已经成为欧洲对新能源汽车发展的主要驱动力。欧洲的新能源汽车发展在早期主要以生物质燃料、天然气以及氢燃料为主,21 世纪初曾经提出到 2020 年末 23% 的石油替代目标。近期,欧洲则对电动汽车给予高度关注。例如,德国 2009 年下半年发布的电动汽车计划,高度重视纯电驱动的电动汽车发展,以纯电为重点,分别提出了相应年份的产业化和市场化目标。

1.3.2　国内现状

我国发展新能源汽车,是应对节能减排重大挑战的需要,同时也是汽车产业跨越式发展和提升国际竞争力的需要。欧美日等国家,都把新能源汽车作为战略制高点来考虑,国家投入大量人力、物力来加强产业的发展。我国传统汽车领域和国外相比还比较落后,但在新能源汽车方面,我们和发达国家是站在同一条起跑线上,若根据"弯道超车"的说法,我们有机会在新能源汽车领域与西方发达国家在一个平等的层面上创新。长期来看,我国汽车工业将以纯电驱动作为技术转型的主要战略方向,重点突破电池、电机和电控技术,推进纯电动汽车、插电式混合动力汽车的产业化,实现汽车工业的跨越式发展;近期将以混合动力汽车为重点,大力推广普及节能汽车,逐步提高我国汽车燃油经济性水平。"十二五"期间我国大力发展节能汽车,中度、重度混合动力乘用车保有量计划超过 100 万辆,但该数据占总体汽车保有量的比例依然较小;2020 年纯电动汽车和插电式混合动力汽车逐步实现产业化,市场保有量有望超过 500 万辆。

从 2001 年开始,我国"863"项目共投入 20 亿元研发经费,形成了以纯电动、油电混合动力、燃料电池三条技术路线为"三纵",以动力电池、驱动电机、动力总成控制系统三种共性技术为"三横"的电动汽车研发格局,共计有 200 多家整车及零部件企业、高校和科研院所,超过 3000 名科技人员直接参与了电动汽车研发的专项工作。到目前为止,共有超过 160 款各类电动汽车进入我国汽车产品公告,建成了 30 多个电动汽车国家重点实验室等国家级别的技术创新平台,已制定电动汽车相关标准40多项。

近几年,我国陆续出台了节能与新能源汽车示范推广以及私人消费补贴的相关政策,并在不断扩大试点范围。在政策的支持下,我国新能源汽车消费市场开始启动,电动汽车基础设施建设也得到初步发展,部分城市已经形成了网络雏形。随着2009年"十城千辆"工程的实施,电动汽车能源供给基础设施的潜在机会开始受到重视,国家电网公司、南方电网公司、普天海油公司等能源企业,围绕国家新能源汽车发展战略,强势介入充电基础设施建设,各示范城市和社会各界也积极响应。我国充电基础设施发展的目标是到2020年底,建成集中充换电站1.2万座,分散充电桩480万个,满足全国500万辆电动汽车充电需求。

第 2 章　替代燃料汽车

2.1　气体燃料汽车

气体燃料汽车主要包括天然气(natural gas,NG)汽车和液化石油气(liquefied petroleum gas,LPG)汽车。

2.1.1　天然气汽车

1. 天然气汽车的特点

1) 天然气汽车的优点

(1) 可充分利用天然气资源,替代十分短缺的汽油、柴油

我国的能源十分紧缺,石油依存度的约 50% 需要进口,且随着汽车工业的迅猛发展,缺口还在不断增加。而近几年,我国相继在柴达木、塔里木、陕甘宁、东海、南海等地发现了大型天然气气田。"西气东输"管线的贯通,标志着中国天然气时代已经到来。发展天然气汽车将成为调整能源结构的有效途径。

(2) 能有效减轻大气污染

据统计,我国重度污染城市已达 14 个,其中北京、沈阳、西安、上海、广州等城市已被列为世界污染最严重的城市。而汽车是大中城市的重要污染源,所占比例达 50% 以上。资料表明,北京的氮氧化合物排放已连续五年超过国家有关标准,汽车尾气造成的污染已经给人们的生活造成严重影响。上海市曾出现了较大范围的光化学烟雾。在广州,空气污染程度超过国家规定的 1.6 倍,并已出现光化学烟雾污染的先兆。天然气汽车的排气污染大大低于以汽油为燃料的汽车,尾气中不含硫化物和铅,一氧化碳降低 80%,碳氢化合物降低 60%,氮氧化合物降低 70%。因此,许多国家已将发展天然气汽车作为一种减轻大气污染的重要手段。

(3) 具有显著的社会效益和经济效益

① 可降低汽车运营成本。若一辆汽车改装为压缩天然气、汽油两用燃料汽车,由于存在油气差价,每年可节约燃料费约 1.1 万元。如今天然气汽车超过 30 多万辆,每年可节约燃料费约 33 亿元。

② 可代替大量汽油。按一辆中型车年行驶 50000km 计算,天然气汽车可替代约 10.5t 汽油;发展 30 万辆天然气汽车,可替代汽油 315 万 t。

③ 可促进天然气的充分利用。伴生气和偏远井、低产井所产天然气因不具集输价值,所产天然气被白白浪费。通过发展压缩天然气、建设子母站,可充分利用这些零散气。

④ 可节省汽车的维修费用。汽车发动机使用天然气作燃料,运行平稳、噪声低、不积炭,能延长发动机使用寿命,不需经常更换机油和火花塞,可节约 50% 的维修费。

⑤ 天然气汽车的发展还将带动相关产业,特别是机器制造业的发展(如压缩机、车用燃气装置以及储气瓶的生产),为开创新兴产业提供了机遇。

(4) 比汽油汽车更安全

与汽油相比,压缩天然气是更为安全的燃料,表现在以下几点:

① 燃点高。天然气燃点在 650℃ 以上,比汽油燃点 427℃ 高出 223℃。因此,与汽油相比,天然气不易点燃。

② 密度低。天然气与空气的相对密度为 0.48,泄漏气体可很快散发,很难形成遇火燃烧的浓度。

③ 辛烷值高。天然气的辛烷值可达 130,比目前最好的 97# 汽油辛烷值高得多,抗爆性能好。

④ 爆炸极限窄。天然气的爆炸极限仅为 5%～15%,在自然环境中,形成这一条件十分困难。

⑤ 释放过程是一个吸热过程。当压缩天然气从容器或管路中泄出时,泄孔周围会迅速形成一个低温区,使天然气燃烧困难。

⑥ 安全系数高。天然气汽车的发展已有 70 多年,其储气瓶、减压设备及高压系统零部件的安全系数均在 1.5～4 以上;且在控制系统中安装有紧急断气装置。

(5) 燃油、燃气、油气燃料转换方便

由于任何燃油装置都可在原供油系统保留不变的情况下,加装一套车用燃气装置,实现燃气、燃油两种功能。汽车对燃料适用性的增强,使一次充装油气行驶距离增大。油气转换只需一个切断开关,任何时候都可迅速实现转换,操作非常方便。此外,压缩天然气的充装也像普通汽车加油一样简单,快速充气只需 3～10min。

2) 天然气汽车的缺点

(1) 汽车的输出功率略有降低。改装双燃料汽车,因要兼顾燃油、燃气两种条件,对原发动机的压缩比和燃烧室结构等均不做变动,所以在使用燃气时,汽车输出功率一般都有所下降,通常情况下,要降低 5%～15%。

(2) 整车质量增加。增加一次充气连续行驶距离的办法是增加储气瓶,因此整车的质量也相应增加,轴荷分配随之增加。通常改装一台天然气汽车,整车质量的增加值不应超过 500kg。

(3) 天然气气瓶占用了用于其他用途的空间,如行李厢、工具箱等。

(4) 气瓶的充装压力较高,泄漏后风险性很大,若操作不当存在爆炸的危险。

2. 天然气汽车的分类

1) 按燃料状态分类

(1) 压缩天然气汽车(compressed natural gas vehicle,CNGV)

储气瓶内的天然气以高压(通常是 20MPa)气态储存,工作时经降压、计量和混合后进入气缸,也可以直接喷入气缸或进气管。

（2）液化天然气汽车（liquefied natural gas vehicle,LNGV）

储气瓶内的天然气以液态储存,工作时液化天然气经升温、计量和混合后进入气缸,也可以直接喷入气缸或进气管。由于天然气液化后的体积仅为标准状态下体积的 1/625,储带方便,应用潜力较大。

（3）吸附天然气汽车（absorbed natural gas vehicle,ANGV）。

储气瓶内的天然气以吸附方式（压力通常为 3.5～6MPa）储存,工作时经降压、计量和混合后进入气缸,也可以直接喷入气缸或进气管。

2）按燃料供给系统特征分类

（1）单燃料压缩天然气汽车

单燃料压缩天然气汽车仅使用压缩天然气（compressed natural gas,CNG）作为发动机的燃料,其发动机在燃料供应系统、工作循环参数、配气机构参数等方面一般都针对 CNG 的物化特性进行了专门设计,因此燃烧热效率较高、经济性较好。

（2）CNG/汽油两用燃料汽车（多用）

CNG/汽油两用燃料汽车一般是指具有两套燃料供应系统,一套供给天然气,另一套供给汽油,两套燃料供给系统可分别但不可同时向气缸供给燃料的汽车,但在使用中可以在两种燃料之间进行灵活切换。此类汽车与单一燃料汽车相比,由于要兼顾两种燃料的物化特性,发动机结构参数几乎不作改动,因此燃烧热效率不高、经济性一般。

（3）CNG/柴油双燃料汽车

CNG/柴油双燃料汽车一般是指具有两套燃料供应系统,一套供给天然气,另一套供给柴油,两套燃料供给系统按预定的配比向气缸供给燃料,在缸内混合燃烧的汽车。CNG 为主燃料,柴油起引燃作用。此类发动机结构参数也几乎不作改动,并可在单纯燃烧柴油和 CNG 与柴油同时混烧两种工况间灵活切换。

3）按燃料供给的控制方式分类

（1）机械控制式天然气汽车,即以机械方式为主控制天然气供给的天然气汽车。

（2）机电联合控制式天然气汽车,即以机电联合控制方式控制天然气供给的天然气汽车。

（3）电控式天然气汽车,即利用计算机控制不同工况下天然气供给的天然气汽车。电控式又有开环和闭环之分。

3. 天然气汽车的结构

天然气汽车由专用储气瓶、高压管线、管路接头、气压表、显示器、手动截止阀、高压电磁阀、过滤器、过流保护阀、减压调节器、低压软管、循环水管、空气燃料混合器（燃料喷射器）、发动机控制系统等组成。

1）储气系统

储气系统主要包括储气瓶、充气阀、高压管线及高压接头、手动截止阀、气压显示装置等部件。

（1）储气瓶

CNG 汽车储气瓶是天然气汽车重要的专用部件,其成本占 CNG 汽车改装成本的 30%～70%。车用气瓶的储气压力为 20MPa,这是综合考虑到车用气瓶的容积质量比以及降低加气站运行成本等多因素综合确定的优化结果。过高的储气压力反而会导致气瓶容积效率比的下降及加气站运行费用的升高。

压缩天然气储气瓶可分为4类：

① 第一类是钢或铝合金金属瓶(NGV2—1)；

② 第二类是钢或铝内衬加筒身"环箍缠绕"树脂浸渍长纤维加固的复合材料气瓶(NGV2—2)；

③ 第三类是钢或铝内衬加"整体缠绕"树脂浸渍长纤维加固的复合材料气瓶(NGV2—3)；

④ 第四类是塑料内衬加"纵向整体缠绕"树脂浸渍长纤维加固的复合材料气瓶。

我国目前主要使用的是钢质气瓶,该类瓶生产成本较低、安全耐用,容积率高,但重容比大、质量大。复合材料气瓶最大的优点是重容比小、质量轻,但生产成本高、价格贵、容积效率低。

(2) 减压调节器

根据减压后输出压力的大小可以把减压调节器分为负压输出的减压调节器(见图 2-1)和正压输出的减压调节器(见图 2-2)。

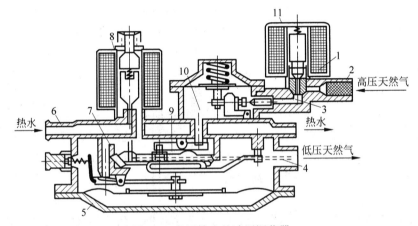

图 2-1　负压输出的减压调节器

1—先导阀；2—天然气滤清器；3—主通道；4—低压出气管；5—通大气口；6—加热水道；7—三级减压阀；
8—怠速电磁阀；9—二级减压阀；10——级减压阀；11—高压电磁阀

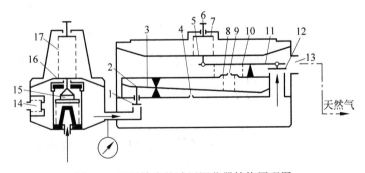

图 2-2　正压输出的减压调节器结构原理图

1—二级阀片及阀座；2—顶杆；3—二级调压器膜片组；4,9—通道；5—三级调压器膜片组；6—调压螺栓；
7,10—三级调压弹簧；8—二级调压弹簧；11—三级调压杆；12—三级阀片及阀座；13—压力调节器输出接口；
14—安全阀总成；15—高压阀芯；16—膜组片；17—调压弹簧

（3）混合器

混合器的作用是将空气和天然气按一定比例混合，形成一定浓度的可燃混合气，并能根据发动机转速和负荷的变化，增减混合气的供应量，以适应发动机在起动、怠速、加速等不同运行工况下正常运行的需要。混合器一般有文丘里式（见图 2-3）和比例调节式（见图 2-4）两种。

图 2-3　文丘里式混合器结构图
（a）装配图；（b）壳体；（c）芯子

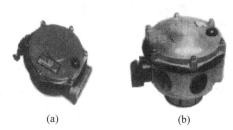

图 2-4　比例调节式混合器外形图
（a）标准型；（b）内置式混合器

（4）高压管线及高压接头

高压管线采用不锈钢无缝钢管或其他车用高压天然气专用管线。我国目前采用的是 $\phi6mm$、$\phi8mm$ 的 1Cr18Ni9Ti 不锈钢无缝钢管。

高压管线主要用于输送高压天然气，其工作压力为 20MPa。高压钢管在不同功能件之间连接时，必须设计抗振弯或者安装 U 形圈，其弯曲半径须大于高压钢管直径的 5 倍。

高压管接头应采用符合 GB/T 3765—2008 规定的卡套式管接头，其由接头体、卡套和压紧螺母三部分组成。

（5）手动截止阀

储气瓶到减压调节器之间应设置手动截止阀，用来在 CNG 汽车因加气、修理、入库停车时截止储气瓶到减压调节器之间的气路连接。

（6）天然气滤清器

天然气滤清器用于对天然气中的杂质（气瓶中的铁锈、压缩机中的杂质等）进行过滤，过滤精度为 10～50μm。过滤器在使用过程中应根据需要对滤芯进行清洗，每行驶 10000km 需要进行更换，或根据当地气体的洁净度进行更换。

2）气压显示装置及油气转换开关

气压显示装置可以是机械式压力表，也可以是压力传感器配合发光二极管显示器。

高压气量显示用于监视气瓶内天然气压力，具体包括：指示充装和车辆运行时的燃气储量；指示每百公里或某路段的燃料消耗量。高压气量显示可帮助驾驶员在路况、车况、装载、燃料充装、气温及管线泄漏等因素变化时对燃气耗量进行掌握，进而做好安全节能。

低压气量显示用于监视减压调节器的工作状态是否正常或稳定。

油气转换开关控制汽油和天然气的通断。它有三个位置：一个是"油"，接通汽油电磁阀或晶体管电动燃油泵电路，切断天然气电磁阀电路；一个是"中间"位，油、气电路均不接通；还有一个"气"位,接通天然气电磁阀电路,切断汽油电磁阀电路。

油气转换开关上一般有5根导线,红色线接12V电源,黑色线搭铁,绿色线接汽油电磁阀或晶体管电动燃油泵,蓝色线接减压调节器上的高压电磁阀和怠速电磁阀,棕色线是控制信号线。棕色线缠绕在点火线圈高压线上,当燃料开关处于"气"位时,发动机运转,棕色线能接收脉冲信号,保证蓝色线长期通电,以打开气路;如果发动机不运转,高压线上就没有脉冲信号,蓝色线仅通电3s左右就自动断电,这样就使发动机熄火后自动关闭天然气高压系统,既安全又节约燃料。油气转换开关上还有一个点动按钮,用于气转油过渡时临时供气使用。

3) 电控天然气汽车供给系统

(1) 功率阀

功率阀有两种:一种是步进电机功率阀,即采用步进电机驱动的调节阀来执行燃气电子控制单元(electronic control unit,ECU)的指令,实现燃气供给量调节;另一种是占空比功率阀,即采用占空比控制型电磁阀来执行燃气ECU的指令,实现燃气供给量调节。

功率阀安装在燃气压力调节器与混合器之间的低压输气管路中,通过改变低压输气管路的流通截面来控制供气量。

(2) 模拟器

模拟器的作用是在发动机燃用燃气时,产生并向汽油ECU输送模拟喷油器工作的信号。在电控燃气供给系统中,模拟器一般与燃气ECU制成一体。

(3) 点火提前调节器

由于燃气与汽油的化学性质不同,在同一工况下的最佳点火提前角也不同。设有点火提前调节器,可满足发动机燃用燃气和燃用汽油时对点火提前角的不同需要。

(4) 燃气喷射器

国产HSV电控低压燃油喷射器的结构如图2-5所示。电磁线圈不通电时,球阀7在进气口和出气口两侧气体压差的作用下向右开启,使燃气经出气口喷出;当电磁线圈通电时,衔铁在电磁力作用下向左移动,并通过顶杆使球阀7向左关闭,停止燃气喷射。

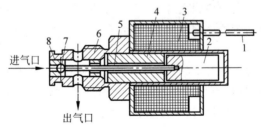

图2-5　国产HSV电控低压燃油喷射器

1—导线;2—衔铁;3—线圈;4—极靴;5—推杆;6—阀体;7—球阀;8—阀座

4. 天然气汽车实例

1) 奔驰新B200天然气版(外形见图2-6)

奔驰全新B200搭载156hp(1hp≈746W)的发动机,配备手动变速箱或者7G-DCT双离合变速箱,所搭载的燃料箱可装载125L的压缩天然气(相当于21kg)。在燃料箱满载状态下,全新 B200 可续航 500km,最大功率输出 116kW,百公里天然气消耗量相当于百公里燃油消耗 4.2L,百公里时速加速时间仅需 9.1s,二氧化碳排放量为 115g。在天然气用尽情况下或紧急情况下,全新 B200 可启动汽油引擎模式,油箱容量为 12L。

图 2-6　奔驰 B200 天然气版

2) 全新爱丽舍天然气版(外形见图 2-7)

全新爱丽舍 CNG 车型采用原厂生产线制造,采用发动机前舱加气,手动截止加气阀,加气过程简便、安全;配备燃气泄漏报警器及自动瓶口阀,燃气泄漏报警器可自动检测燃气是否泄漏,遇到泄漏情况时会自动报警并关闭瓶口阀。

图 2-7　全新爱丽舍天然气版

爱丽舍新一代 CNG 全新适配了专用双燃料发动机,提高了压缩比,不仅确保在使用汽油时可获得 78kW 的最大功率和 142N·m 的最大扭矩,在使用天然气时其最大功率和最大扭矩仍然能达到 70kW 和 125N·m,功率损耗仅为 10%。

3) 比亚迪 F3 天然气双燃料汽车(外形见图 2-8)

比亚迪 F3 双燃料汽车是由原厂直接安装双燃料系统出产的全新非改装概念的双燃料家用轿车。它将燃气系统作为车辆的一个有机组成部分而加以统筹考虑和系统规划,在储气罐的固定方式、燃气控制技术、控制系统布置等方面进行了大量的创新性突破。该车配备了 LOVATO 管理系统,完善了天然气与原发动机的匹配问题,提高了整车的稳定性。60L 的特大容量气瓶比普通的 45~55L 气瓶一次充气可增加 40~60km 的行驶里程。

图 2-8 比亚迪 F3 天然气双燃料汽车

4)压缩天然气车型奥迪 A5 2.0T—CNG(外形及透视图见图 2-9)

奥迪汽车公司的压缩天然气汽车市场还处于待开发中,不过也尝试对相关车型开展研发工作。2007 年,奥迪汽车公司就展示过一台基于奥迪 A5 2.0 的压缩天然气概念车,该车采用新一代的高压轻量储氢罐和压力调节器,再基于公司出色的 TFSI 发动机。奥迪汽车公司有信心在未来的日子里用奥迪 A4 或奥迪 A5 来冲击压缩天然气汽车市场。

4个储氢罐,
容量共21kg

图 2-9 奥迪 A5 2.0T—CNG 透视图

图 2-9 显示的奥迪 A5 2.0T—CNG 采用了 4 个储氢罐,容量共 21kg。这些高压罐采用了碳复合材料和铝材料,质量非常轻,使其比同款汽油发动机车型还轻了 90kg。此款车一次加满气可行驶 420km,备用汽油箱的容积为 14L,可行驶 180km。

为了使天然气达到最好效果,奥迪 A5 2.0T—CNG 采用了最新的带 TFSI 技术的直喷汽油发动机,其最大功率可达 120kW,百公里时速加速仅需要 8.9s,最高车速为 228km/h,更多技术数据可参考表 2-1。

表 2-1　奥迪 A5 2.0T—CNG 主要参数表

年款	型号	排量/ L	最大功率/ kW	最大扭矩/ (N·m)	储气罐 容量/kg	天然气 巡航能力/ km	每行驶 100km 消耗天然气/ kg	每行驶 1km 排放 CO_2/g
2007	A5 2.0T—CNG	2.0	120	260	21	420	5.0	约 143

2.1.2　液化石油气汽车

液化石油气(LPG)是一种在常温常压下为气态的烃类混合物,比空气重,有较高的辛烷值,具有混合均匀、燃烧充分、不积炭、不稀释润滑油等优点,能够延长发动机的使用寿命,且一次载气量大、行驶里程长。

1. 液化石油气汽车的特点

(1) 降低燃料使用费

根据日本尼桑公司对叉车使用的试验结果,每小时 LPG 的消耗量约为汽油的 1.1 倍,而 LPG 的价格比汽油便宜许多,使 LPG 汽车的使用费较汽油车的使用费降低约 40%。虽然目前在我国大部分地区这种价格优势还未表现出来,但随着我国加入世界贸易组织(World Trade Organization,WTO)后与国际石油价格体系的接轨,以及我国天然气的开发,LPG 作为汽车燃料取代汽油的好处已日益显露出来。

(2) 提高发动机的动力性

由于液化气的许多指标与汽油相近,有的还超过了汽油,特别是液化气的辛烷值大大高于汽油(丙烷、丁烷和汽油的辛烷值分别为 125、91、87);其自燃温度较高,以液化气作燃料的发动机可以采用较高的压缩比而不易引起爆震,因此大大提高了发动机的动力性。

(3) 发动机尾气清洁,排放物中有害物质少

液化气容易汽化,它总是以气态形式进入发动机混合室,且能与空气良好混合,接近于完全燃烧。和汽油相比,其尾气中有害物质的含量极少,且不产生柴油机黑烟。

(4) 发动机及其部件(滤清器、火花塞等)使用寿命长

由于 LPG 叉车燃料混合、燃烧均匀,接近完全燃烧,不易产生积炭,气缸壁上润滑油膜不会被破坏,因此不易产生油泥,可减少机油污损、稀释及黏度下降问题,润滑油的使用期限可增加 2~3 倍,机油滤清器的更换次数随之减少,并减少了火花塞因积炭而造成的损坏,降低了维修使用费用。与汽油机相比,LPG 发动机寿命可延长 1.5~2 倍。

(5) 噪声低,工作平稳

LPG 发动机点火速度慢,可明显降低发动机噪声,增加工作平稳性。使用液化气作燃料,燃料费用低,发动机工作平稳,噪声小,废气排放少,且尾气中易于引起火花的物质也较少,发动机保养间隔和使用寿命长,可广泛应用于食品、化工、塑料等清洁度要求较高的领域。

2. 液化石油气汽车的分类

1) 按燃料供给系统特征分类

(1) 单燃料液化石油气汽车

单燃料液化石油气汽车仅使用液化石油气作为发动机的燃料,不再使用其他燃油或代

用燃料。其发动机为预混、点燃式发动机。单燃料液化石油气汽车专为燃用液化石油气而设计,可以充分发挥液化石油气辛烷值高的优势。

（2）LPG/汽油两用燃料汽车

LPG/汽油两用燃料汽车是可以视情况交替燃用液化石油气或汽油的汽车。它具备液化石油气和汽油两套燃料系统,燃用汽油时切断液化石油气的供给,燃用液化石油气时切断汽油的供给。一般汽油车发动机无须改动,只加装一套液化石油气燃料供给装置,即可成为LPG/汽油两用燃料汽车。

（3）LPG/柴油双燃料汽车

LPG/柴油双燃料汽车是指同时燃用液化石油气和柴油的汽车。LPG/柴油双燃料汽车与 LPG/汽油两用燃料汽车的主要优点类似,可大幅度降低大负荷工况下的微粒排放,小负荷时的碳氢化合物(HC)排放有所增加。

2）按液化石油气的供给方式分类

（1）真空进气式液化石油气汽车

真空进气式液化石油气汽车,是指液化石油气在进气管真空度作用下经混合器进入进气管的液化石油气汽车,其燃料供给方式与化油器式发动机类似。

（2）喷气式液化石油气汽车

喷气式液化石油气汽车,是指液化石油气以一定的压力经喷气嘴直接喷入气缸或进气管的液化石油气汽车,其燃料供给方式与汽油喷射式发动机或柴油机类似。

3）按燃料供给的控制方式分类

（1）机械控制式液化石油气汽车,即以机械控制方式为主,控制液化石油气供给的液化石油气汽车。

（2）机电联合控制式液化石油气汽车,即机电联合控制液化石油气供给的液化石油气汽车。

（3）电控式液化石油气汽车,即利用计算机控制不同工况下液化石油气供给量的液化石油气汽车。

3. 液化石油气汽车实例

1）丰田 JPN Taxi 概念车(外形见图 2-10)

2015 年,丰田公布了一款针对日本本土设计的概念出租车,新车被命名为 JPN Taxi。这款概念出租车采用 LPG 混合动力系统,一方面通过混合动力系统降低二氧化碳排放量,另一方面则降低了出租车的运营成本,同时这套动力系统所提供的续航里程也足以支持市区内的长时间使用。

2）兰旗亚 LPG

2009 年的日内瓦车展上,兰旗亚推出了 Ypsilon 和 Musa 车型的环保版本——Ecochic。它们都采用 LPG/汽油双燃料发动机。双燃料 1.4L 77hp 发动机采用了特别的进气系统以适应 LPG 喷嘴的要求,新增加的电缆也采用完全集成方式以保证安全。环形的 LPG 储罐位于原备胎位置,保证了行李厢的合理空间。另外,这两台 Ecochic 小车除了 LPG 燃料以外,还集成了一个 39L 的汽油油箱,该容量约为普通车型汽油量的 80%。图 2-11 所示为该车 LPG 燃料和汽油加注口。驾驶员可以很方便地用一个按钮切换使用 LPG 或者是汽油,

图 2-10　丰田 JPN Taxi 概念车

图 2-11　LPG(上)和汽油加注口

当 LPG 使用完之后,系统会自动切换到汽油燃料以保证行车的连续性。整个行驶里程,Ypsilon Ecochic(外形见图 2-12(a))能达到 1300km(LPG 能达到 425km,汽油能达到 854km),Musa Ecochic(外形见图 2-12(b))能达到 1200km(LPG 能达到 419km,汽油能达到 758km)。

(a)　　　　　　　　　　　　　　　　　(b)

图 2-12　Ypsilon Ecochic 和 Musa Ecochic 在液化石油气加气站
(a) Ypsilon Ecochic；(b) Musa Ecochic

3) 别克凯越汽油/LPG 双燃料汽车(外形见图 2-13)

2008 年,别克公司在中国台湾推出别克凯越汽油/LPG 双燃料汽车。该车在起步时仍为汽油模式,必须要散热器温度达 70℃,发动机转速达到 1500r/min 之后,汽车才会自动切换为 LPG 模式。动力性方面,和汽油模式相比较,LPG 模式下,驾驶员于 60~80km/h 的车速进行再加速动作时,节气门踏板的反应感受较为沉重,加速反应也略有迟疑。经济性方面,虽然采用 LPG 的油耗比使用汽油时多出 12%~15%,但由于汽油和 LPG 价格的差异,以及政府对 LPG 的补贴,仍然可以替车主节省下不少燃料成本。排放性方面,由于 LPG 不会排放致癌物(如苯、硫、铅、黑烟等),且比一般使用汽油车辆排出废气的二氧化碳含量减少 17%,因此也符合时下热门的节能减排要求。

图 2-13　别克凯越汽油/LPG 双燃料汽车

2.2　生物燃料汽车

生物燃料汽车就是以生物燃料为能源的汽车。

生物燃料又称生态燃料,泛指由有机物组成或者制成的燃料,比如玉米制成的乙醇汽车燃料,或者回收食用油制成的生物柴油等。可供提取生物燃料的物质种类很多,比如玉米、黄豆、亚麻籽、油菜籽、甘蔗、椰子油、厨余食用油等,它不同于石油等传统燃料,属于可以再生的燃料。虽然生物燃料属于可再生能源,但生产生物燃料的农作物也存在污染、粮食安全等诸多问题,目前尚未得到全球性的广泛应用。

2.2.1　甲醇燃料汽车

甲醇燃料汽车就是以甲醇为燃料的汽车。甲醇可由煤经过汽化加氢生成,其性能与汽油接近,可用于点燃式发动机。

早在 20 世纪 70 年代,由于政治原因出现了所谓的"石油危机"。出于能源安全和平衡外汇等原因,不少国家开始寻找能替代石油的能源,这时醇燃料(主要是甲醇和乙醇)就进入了人们的视野。相对于汽油柴油来说,醇燃料来源广泛,甲醇主要从煤和天然气中提取,乙醇主要从生物质中提取。另外,醇燃料燃烧后的污染物排放更低,属于清洁燃料。

20 世纪 80 年代,美国市场上就出现了甲醇汽车,对环保要求很高的加州政府更是对其大力推广。需要说明的是,甲醇作为汽车燃料经历过几个阶段,资料显示,最早是 M3～M5(汽油中掺入 3%～5% 甲醇和助溶剂),之后甲醇比例逐渐提高,现在中国试点推广的甲醇汽车燃料以 M85 和 M100(不掺汽油柴油,只有甲醇和少量添加剂)为主。另外还有一种甲醇灵活燃料汽车(flexible fuel vehicle,FFV),这种汽车可以使用任何比例搭配的甲醇和汽油混合燃料,美国加州在 20 世纪曾长期示范运营过。

汽车使用甲醇燃料有很多优点:

(1) 减少排放

甲醇含氧量达 50%,燃料燃烧完全,可减少 20%～50% 碳氢化合物的排放,CO 排放量明显降低。甲醇燃料是国际公认的清洁燃料,使用甲醇清洁燃料有利于减少大气污染、保护环境。

（2）使用方便

甲醇常温下为液体,操作容易,储运使用方便,且对传统的发动机技术有继承性。特别是使用甲醇汽油混合燃料时,发动机结构变化不大。

（3）动力性好

甲醇辛烷值高,可采用高压缩比提高发动机的热效率和动力性。另外,其蒸发潜热大,可提高发动机的进气量,从而提高发动机的动力性。

（4）经济性好

甲醇燃料经济性好,比石油燃料的成本低。按我国现有甲醇燃料技术水平,1.5t 甲醇可替代 1t 成品油,燃料甲醇的效率比使用煤炭提高 5～8 倍,比使用成品油的成本降低20%～50%。

（5）资源较丰富

甲醇可从天然气、石油、煤、木材及其他物质中提取。我国有充足的煤资源保障,且用其他物质来制取甲醇具有可再生性,因而使用甲醇燃料可减少车辆对石油资源的依赖,有利于我国能源安全。

但目前在我国发展甲醇汽车也存在一些障碍。其中最关键的问题是煤制甲醇燃料的全生命周期温室气体排放量偏高,耗水量较大,且煤是不可再生能源,此外发展甲醇汽车还缺乏有力的政策支持,这些都制约着甲醇汽车市场的发展。具体来说,有以下四大障碍。

（1）在燃料方面,煤制甲醇燃料面临着一定质疑

中华人民共和国工业和信息化部（以下简称“工信部”）甲醇汽车试点工作鼓励使用由焦炉气、高硫劣质煤制取的甲醇作为车用燃料。焦炉气和高硫煤制取甲醇对于资源利用效率和环境无疑具有重大意义。不过,目前我国焦炉气制甲醇只占甲醇总产量的 18%,煤制甲醇占 65%,高硫劣质煤目前仍不是制取甲醇的主要原料。

煤制甲醇的全生命周期温室气体的排放量要高于汽油、柴油。煤制甲醇每吨耗水达 8t左右,煤化工耗水量一直比较大;鉴于碳排放、耗水量方面存在的不足,加之煤制甲醇是不可再生能源,因而受到一定程度的质疑。

（2）政策与标准方面缺乏支持

我国的甲醇燃料和甲醇汽车研究工作早在 20 世纪 70 年代末 80 年代初就已经开展,但由于没有持续和足够的政策支持,发展速度不快,长期处于“示范”“试点”阶段。

正如原机械工业部部长何光远所说,甲醇汽车工作不能总是原地踏步,不能总在“示范”“试点”上打转转。30 年间甲醇汽车曾经搞了若干次,都因主管部门机构的变动而不了了之。何部长认为,2012 年工信部开展甲醇汽车试点工作后,有必要开展从“试点”到“推广”的前期政策、法规方面的研究。

目前,《车用燃料甲醇》和《车用甲醇汽油（M85）》两项国家标准已经颁布,多个省市发布了 30 多项地方标准,这为甲醇燃料和甲醇汽车的发展提供了一定的保障。但是,国家标准仅有两项,地方标准不统一,这种状况制约了甲醇汽车的推广与发展。

（3）甲醇汽车的市场开拓方面存在一定难度

由于政策对甲醇汽车的支持力度有限,配套服务也不完善,甲醇汽车市场规模较小。

在贵州、甘肃参与工信部试点之前,参与工信部甲醇汽车试点工作的车只有 281 辆,绝大多数集中在山西。贵州、甘肃的三个城市计划投入 1800 辆甲醇汽车。工信部甲醇试点工

作开展以来,与试点工作形成鲜明对照的是改装车发展迅速。以山西为例,三家改装车企业自2013年以来改装了33600辆车。不过,改装车不属于工信部定义的专门设计的甲醇汽车,改装的技术水准也存在差异。

与甲醇汽车相关联的后续服务、加注设施建设等配套措施如何跟上也存在问题。在缺少政策和相关支持的条件下,完全靠自发形成的市场空间不可能太大。

(4)技术方面仍有一定的障碍

随着技术进步,甲醇强腐蚀性、溶胀性、冷起动、气阻、互溶性等问题都得到了较好的解决。当然,甲醇汽车整车研发、甲醇内燃机专用零部件制造及某些关键技术及产品还需进一步提高技术水平和质量。然而,总体来看,甲醇汽车在技术上已经比较成熟,不存在大的障碍。

虽然甲醇汽车在我国广泛推广有一定的障碍,但我国对甲醇技术的追求一直没有停止。

目前,生物质可再生甲醇受到越来越多的关注,可以用木材废料、秸秆、杂草、树叶、有机垃圾、沼气、水生植物及藻类和微生物等生物质原料生产可再生甲醇。从发展生物技术入手,增加生物质原料产量,可在一定程度上替代煤、天然气等化石原料。

目前,无论是以煤、天然气等化石原料还是生物质制取甲醇,都采用先制成合成气,再生产甲醇的路线,也有专家提出了以二氧化碳加氢制取低碳可再生甲醇的新路线。这种路线利用碳捕捉技术回收二氧化碳;同时以可再生能源发电,电解水产生氢气,或者以太阳能光解水产生氢气,并将氢与回收的二氧化碳结合制取可再生甲醇。甲醇燃烧后产生二氧化碳和水,然后再以上述路线制取甲醇,从而形成循环经济。这无疑是一种非常理想的模式。

目前,冰岛的碳循环国际公司通过利用地热能,以其特有的二氧化碳制取甲醇技术实现碳循环,已建成了奥拉设想下的世界上首个商业化的低碳可再生甲醇工厂,正在积极开展示范和推广。

2015年年底,吉利汽车公司发布了未来五年的新能源战略——"蓝色吉利行动",震撼了汽车圈。规划中提出,到2020年吉利汽车公司90%的汽车都是新能源汽车,而甲醇汽车也是吉利新能源汽车规划中的一部分。

吉利汽车公司自2005年开始研发生产甲醇汽车,是国内首家获得国家甲醇车生产资质的企业。到目前为止,吉利汽车公司已研发出1.5L和1.8L两种排量四款发动机,搭载开发了多款车型。目前,吉利海景SC7甲醇轿车已在山西、陕西、上海和贵阳进行试点推广和示范运营。2015年11月,在北京新能源汽车展上吉利还展出了一辆吉利帝豪甲醇汽车(外形见图2-14),这是全馆唯一的一辆甲醇汽车。

图2-14 吉利帝豪甲醇汽车

2015 年 7 月 3 日,浙江吉利控股集团与冰岛的碳循环国际公司签署一项总额为 4550 万美元的协议,计划投资二氧化碳制取低碳可再生甲醇技术。该技术只要能做好成本控制,必将对汽车的节能减排产生颠覆性的影响,从而极大地推动甲醇汽车的发展。

2015 年 11 月 16 日,吉利汽车公司 M100 甲醇汽车项目落户贵阳。吉利汽车公司会在贵阳建设甲醇整车汽车制造基地,建成后将实现年产 10 万辆的产能。

2015 年 12 月 28 日,吉利汽车公司在山西晋中举行了山西新能源汽车产业化项目竣工仪式。此项目是全国甲醇燃料汽车试点项目,共规划年产整车和发动机各 20 万辆(台)。此次竣工的生产线具备年产 10 万辆甲醇轿车的生产能力,并已开始下线生产,于 2016 年 7 月已开始上市销售。

2.2.2 乙醇燃料汽车

乙醇燃料汽车,是指专门设计或改造的、使用乙醇为燃料的汽车。用乙醇代替石油燃料的活动历史已经很长,无论是从生产上和应用上的技术都已经很成熟。近年来由于石油资源紧张,汽车能源多元化趋势加剧,乙醇汽车又提到议事日程。乙醇燃料已成为国际上普遍认可的可降低环境污染和取代化石燃料的主要资源。乙醇与普通的汽油性能接近,与汽油一样,适合于火花点火式发动机;且与汽油相比,乙醇的热值低、辛烷值高、含氧量高。

乙醇汽车的燃料应用有以下几种方式:

(1) 掺烧,即乙醇和汽油掺和应用。在混合燃料中,乙醇的容积比例用"E"表示,如乙醇占 10%、15%,则用 E10、E15 来表示。目前,掺烧占乙醇汽车的主要地位。

(2) 纯烧,即单烧乙醇,可用 E100 表示。但目前应用并不多,属于试行阶段。

(3) 变性燃料乙醇,指乙醇脱水后再添加变性剂而生成的乙醇,该技术还处在试验应用阶段。

(4) 灵活燃料,指燃料既可用汽油,又可使用乙醇或甲醇与汽油按比例混合的燃料,还可以用氢气,并可以随时切换,如福特、丰田汽车均在试验灵活燃料汽车(FFV)。

目前世界上已有 40 多个国家不同程度地应用乙醇汽车,有的已达到较大规模的推广。乙醇汽车的地位日益提升。

但是,一直以来,生物乙醇燃料也备受争议。有人批评大规模使用乙醇作为燃料会导致食品价格上涨,此外,传统的制造乙醇过程中会消耗很多能源。因此,从所谓的"Well to Wheel(油井到车轮)"全过程来看,乙醇燃料并不环保。但是,通用汽车公司打算结束这种争论,在 2008 年北美车展上,通用汽车公司大打 E85 牌,推出了多款 E85 乙醇燃料车。图 2-15 所示为福特乙醇燃料汽车,图 2-16 所示为通用雪佛兰乙醇燃料汽车。

所谓 E85 就是由 85% 的乙醇和 15% 的汽油混合而成的乙醇燃料。通用汽车公司预测,2007—2020 年间,运输行业使用 E85 所减少的二氧化碳总排放量将超过 10 亿 t,从 2020 年起每年将减少 2 亿 t。

通用汽车公司在乙醇以及乙醇燃料汽车技术研发领域中一直走在业界的最前列。通用汽车公司 20 多年前就已经致力于乙醇燃料技术的研发,并通过和众多乙醇燃料生产商的合作,开发可以使用乙醇燃料的汽车产品。另外,通用汽车公司也是第一个在美国大规模应用 E10 燃料(90% 汽油和 10% 乙醇的混合燃料)的汽车制造商。

图 2-15　福特乙醇燃料汽车

图 2-16　通用雪佛兰乙醇燃料汽车

　　另外一个对乙醇汽车情有独钟的国家是巴西,巴西是全球最早发展乙醇汽车的国家。巴西乙醇工业已有 30 年的发展历史,主要原材料为甘蔗。目前巴西是全球头号蔗糖生产国和出口国,且为仅次于美国的第二大乙醇生产国。目前巴西 94% 的汽车可以用乙醇作燃料。图 2-17 所示为巴西 TAC Stark 4X4 乙醇燃料汽车。

图 2-17　巴西 TAC Stark 4X4 乙醇燃料汽车

在我国,根据政府《中国应对气候变化的政策与行动 2015 年度报告》,现在中国非化石能源占一次能源消费比例为 11.2%,而同时中国政府在"十三五"规划中指出,到 2020 年末非化石能源占一次能源比例需达 15%,燃料乙醇年利用总量需达到 1000 万 t。根据中投顾问《2016—2020 年中国燃料乙醇行业投资分析及前景预测报告》预测,未来 5 年中国燃料乙醇产量需保持近 30%的增长率才可实现上述目标。

另外,从原料角度看,2014、2015 年度中国玉米供需已出现了严重的失衡。临储玉米库存量已达 1.8 亿 t,而当前产生的霉变、真菌毒素超标等不合格的"问题玉米"已超过 2000 万 t,另外还有年产量达到 7 亿 t 以上的秸秆。换言之,中国大量的"问题玉米"已为发展燃料乙醇提供了充足的原料保障。

伴随着新《大气污染防治法》在 2016 年 1 月 1 日开始实施,对汽车尾气的排放更加严格,从而预期增大燃料乙醇的市场使用范围。在"十三五"时期,中国将投资 17 万亿元用于节能减排环保项目建设。

2.3　氢燃料汽车

氢燃料汽车即氢作为代替汽油的新能源在发动机内燃烧产生动力的汽车。氢燃料汽车和氢燃料电池汽车不同,氢燃料汽车是传统汽油内燃机车的带小量改动的版本,通过直接燃烧氢产生动力,而不使用其他燃料,排放的尾气以水蒸气形式排出。

2.3.1　氢燃料发动机的工作原理

目前实际应用较多的氢燃料发动机,是将氢与汽化的汽油或柴油混合后再燃用,氢在混合燃料中占 30%~85%。

氢燃料发动机的燃料供给系统示意如图 2-18 所示。汽油箱中的汽油通过化油器向发动机提供,在不使用氢燃料时与传统燃料系统相同。附加的氢燃料供给系统由甲醇容器、氢发生器、控制阀、压力表等组成,氢发生器串接在排气管上,甲醇容器中的甲醇进入氢发生器后,在废气余热和催化剂作用下裂解生成氢。在发动机气缸真空度作用下,生成的氢被吸入化油器与汽油混合,混合燃料的浓度可通过化油器各个阀控制。

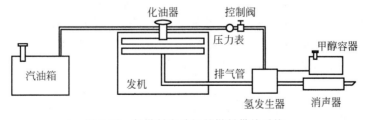

图 2-18　氢燃料发动机的燃料供给系统

国内氢发生器所用的催化剂一般含有镍、铂、钯、钾、铝等元素,发动机排气管中的废气余热为 300~780℃。汽油机的台架及道路试验表明,发动机使用掺氢汽油后在燃油经济性和废气排放方面有明显改善,而动力性与燃用纯汽油时基本相同。

甲醇的价格是汽油价格的 1/2，以氢气代替汽油为燃料可使成本降低，并可缓解对石油的依赖。混合燃料中的氢使燃烧更充分，而且氢燃烧后的主要废气是水汽，因此，可大幅减少发动机排放污染。另外，甲醇的裂解反应是吸热过程，串接在排气管上的氢发生器吸收了排气热量，与消声器吸收排气能量的作用一样能降低排气噪声，减少对环境放热和产生噪声。

氢燃料发动机的燃料供给系统不需改动原发动机构造，只需要较小调整和加装氢燃料供给系统部件即可，在不用氢燃料时发动机仍可燃用汽油，因此，适合于对在用汽车的改造。尤其对于耗油量大、排放差的汽车，氢燃料供给系统的改装可作为没条件更新时的过渡措施。

2.3.2　氢燃料储存方式

用于车辆燃料用途的氢气，其随车储存的方法必须符合安全、占体积小、容易添加等要求，主要实用方法有液态氢储存、金属氢化物储氢、有机液体储氢等。

1. 液态氢储存

氢气在一定的压力和温度下呈液态，常压时液态氢的密度是气态氢的 845 倍，占体积小。液氢的体积能量密度高，其单位热值约为汽油的 3 倍。与金属氢化物储存等其他方法相比，液态氢储存时自身的质量最轻。液氢的添加和计量与传统液态燃料相似，液氢的这些特点有利于车用燃料的储存要求。

但是，液氢对储存容器的绝热和安全性设计要求很高。液氢与环境温度相差很大，蒸发损失及将气氢经高压低温变成液氢损失使其的成本较大，难以大量建立供给站及在民用车辆上应用。

2. 金属氢化物储氢

所谓金属氢化物储氢，是先将特殊金属与氢反应生成金属氢化物，使用时再加热金属氢化物释放氢供作燃料。目前研究应用的储氢金属或合金主要有钛系、稀土系、镁系等。

金属氢化物的储氢密度接近液态氢，适合于随车燃料储存的要求。金属氢化物储氢的另一优点是氢原子在合金中储存及释放使用过程时不易爆炸，安全性好。奔驰汽车公司生产的以汽油和氢气共同作燃料的小轿车就是用钛铁合金氢化物为储氢箱。

金属氢化物储氢的缺点是储氢合金性能会出现衰减。随着反复使用，储氢合金内部累积应变引起塑性变形或损坏、金属中与氢亲和力小的元素在反应过程中游离减少、原料气体中的杂质会积存在金属氢化物内等原因都会使金属变质，引起储氢和放氢能力的下降。

3. 有机液体储氢

有机液体储氢方法利用催化装置把氢寄存于苯、甲苯、甲基环己烷等有机物液体里，氢在这些有机物液体中可安全地储存和运输；使用氢燃料时，以催化脱氢装置把氢从有机物液体中脱离出来，而有机物液体脱氢后可再利用。

有机液体储氢的方法在储存及运输时安全、成本低，储氢量与金属氢化物相似，储氢剂可循环使用。但有机液体加氢及脱氢反应会消耗较多能量，并需要理想的催化剂。

2.3.3　氢燃料汽车的车型实例

1. 宝马氢燃料汽车

早在 20 世纪 70 年代，宝马汽车公司就开始了氢燃料的研究。第一代氢动力车是宝马汽车公司在 1979 年推出的宝马 520 汽车，装配有可使用氢气和汽油的双燃料发动机，从此拉开了宝马液氢动力车的序幕。1984—1995 年间，宝马汽车公司又研制了第三代氢动力车，虽然有过大量的路试，但也仅限于试验用途。1999 年，宝马汽车公司推出了由 15 辆宝马汽车组成的氢动力车队（图 2-19 所示为四代宝马氢动力车）。这 15 辆宝马汽车在德国 2000 年汉诺威世博会上作为贵宾接待车，为宝马汽车公司的氢动力市场化迈出了坚实的一步。同年，世界上第一个液氢加气站也在慕尼黑机场投入使用，图 2-20 所示为世界上第一个液氢加气站。

图 2-19　四代宝马氢动力车

图 2-20　世界上第一个公用液氢加气站

2001年，宝马汽车公司举行了"清洁能源世界巡展"。在这次活动中，宝马清洁能源车队2月1日从中东的迪拜出发，途经布鲁塞尔、米兰、东京，最后到达洛杉矶。9月的法兰克福车展，宝马汽车公司又推出了以全新7系为基础的第六代氢动力车745h。

2004年的巴黎车展，宝马汽车公司展出了打破9项纪录的氢动力赛车 H_2R。两年后，宝马Hydrogen 7诞生，一共生产了100辆，正式交付特定用户使用，氢动力汽车进入准商业化运作。

1）宝马750hL（外形见图2-21）

宝马750hL是宝马汽车公司第五代氢动力车产品。宝马750hL的发动机由原来的汽油发动机改进而成，并没有太大变动，只是在发动机上安装了用于氢供给的管路。氢气利用储氢罐的压力，并且经过汽化送到发动机中。液态氢的汽化通过新增加的热交换器完成。

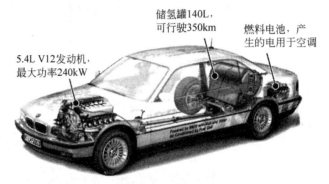

储氢罐140L，
可行驶350km

燃料电池，产
生的电用于空调

5.4L V12发动机，
最大功率240kW

图 2-21   宝马 750hL

宝马750hL是一辆汽油和氢双燃料汽车，采用5.4L V12发动机。使用汽油时，最大功率240kW，百公里时速加速需要6.8s，最高车速为250km/h；使用氢气时，最大功率150kW，百公里时速加速需要9.6s，最高车速为226km/h。储氢罐能储存140L氢气，消耗40L/100km，一次加满氢气可行驶350km。

2）宝马745h（外形见图2-22）

随着新一代的宝马7系于2001年上市，宝马汽车公司的氢动力车也迈入第六代——745h。宝马745h采用4.4L的V8发动机，与汽油量产车相同，可使用汽油和氢气两种燃料。使用氢气时，宝马745h的最大功率为135kW，最高车速为215km/h，140L的储氢罐可以提供300km的巡航能力。汽油箱容积为70L，可提供额外的650km巡航距离。

70L汽油箱

储氢罐140L，
可行驶300km

4.4L V8发动机，
最大功率135kW

图 2-22   宝马 745h

3) 宝马 H_2R(外形见图 2-23)

2004 年,宝马汽车公司向世界展示了一辆仅用氢气为燃料的赛车——H_2R。作为宝马清洁能源计划的一部分,宝马 H_2R 在法国米拉马斯高速试车场创下氢燃料内燃机汽车的 9 项全球速度纪录。宝马 H_2R 证明了采用氢燃料内燃发动机的惊人潜力。宝马汽车公司一直坚信氢燃料可以完全取代传统燃料并直接用于现有的内燃机,与此同时车辆的性能和动力丝毫不会逊色于任何一部现代汽车,宝马 H_2R 的纪录,让宝马汽车公司的坚信得到了世界的认可。

图 2-23　宝马 H_2R

宝马 H_2R 是宝马汽车公司仅用 10 个月的时间开发出来的,整个开发过程得益于以往数代氢动力车的宝贵经验。这辆"世界纪录创造者"概念车的车身表面由碳纤维强化型塑料制成,经过空气动力学优化后,宝马 H_2R 的风阻系数仅为 0.21。

宝马 H_2R 动力源自一台 6.0L V12 发动机,最大功率 210kW,百公里时速加速仅需要 6s,最高车速达到 300km/h。与宝马汽车公司的其他氢动力车不同,这款赛车将氢气作为其唯一的动力源。宝马 H_2R 的储氢罐容量为 11kg,位置在驾驶座椅的一侧,其"三阀门"设计可以提供很好的安全性。工作阀门在 4.5Pa 的压力下打开,另外两个安全阀可以防止任何液氢泄漏产生的危险后果,在压力超过 5Pa 时立即开启,释放压力,从而保证储氢罐不会因为压力过高而发生事故。宝马 H_2R 在储氢罐加满且驾驶员就座状态下的质量仅为 1560kg,在创造世界纪录的同时,排出的仅仅是水蒸气。

2. 马自达氢燃料汽车

1) 发展历程

与宝马汽车公司一样,马自达汽车公司也十分热衷于研究采用氢气作为内燃机燃料,不过更独特的是,马自达汽车公司将氢气用于本品牌最有魅力的转子发动机上。

早在 1991 年的东京车展上,马自达汽车公司就推出了旗下第一款氢转子发动机概念车 HR-X。该车采用由 RX-7 转子发动机改进而成的 0.49L×2(转子发动机的排气量通常用单位工作室容积和转子的数量来表示)氢转子发动机,最大功率 73.5kW,最大扭矩 127N·m。$1m^3$ 的燃料箱储存了相当于 $43m^3$ 的压缩氢气,最大巡航里程达到 230km。

1993年,马自达汽车公司发布了第二款氢转子发动机概念车HR-X2。该车采用0.65L×2氢转子发动机,最大功率95.6kW,最大扭矩167N·m。该车的另一个特色是它采用了马自达独自研发的"液晶聚合物塑钢"材料,加强了对于再回收环保材料的运用。

在开发HR-X2的同期,马自达汽车公司的研发队伍还在1993年研制出以MX-5敞篷车为基础的氢转子发动机试验车。该车排量为0.65L×2,并在日本汽车研究所举行了实地测试大会。

两年后的1995年,马自达汽车公司得到当时日本运输省(交通部)批准,两辆以氢转子发动机为动力的Capella Cargo车型正式上路测试。马自达汽车公司与新日铁公司合作,4年时间内总共进行了超过40000km的测试。该车采用0.65L×2氢转子发动机,最大功率92kW,最大扭矩175.5N·m。

2003年,马自达汽车公司将氢转子发动机运用到目前唯一量产的转子发动机车型RX-8上。2004年10月,采用双燃料系统的RX-8氢转子发动机车型获得日本国土交通省的认可,开始进行公路测试。2006年正式将氢转子发动机车型进行准商业运用——对外租赁,位于东京及大阪的两家日本企业获得了首批两台的租赁权。

2004年,世界第三大石油和天然气输出国挪威启动了一项国家计划——HyNor(挪威氢能源之路),其目的是减少CO_2排放量,并且在资源逐渐枯竭的背景下研究如何利用氢能。

虽然挪威已基本普及CO_2排放为零的水力发电,但工业或家庭用电无法进一步减少CO_2的排放量。为此,挪威将希望寄托于承担着国内主要交通运输任务的汽车,通过对汽车能源的改造来达成减少CO_2排放量的目的。

挪威将发展重点放在应用氢作为汽车燃料方面,因为氢不仅可以通过本国自产的天然气或水电解而产生,而且不会排放CO_2。

目前,HyNor正计划在连接斯塔万格(邻近北海的挪威第四大城市)和奥斯陆(挪威首都)的全长580km的高速公路上,建设可供氢能源汽车补给的基础设施。

2006年,马自达汽车公司参加了挪威首座氢燃料补给站的开幕典礼,并展示了RX-8氢转子发动机车型。2007年,马自达汽车公司为了促进氢和氢能汽车的普及,决定为HyNor提供帮助,并计划提供约30辆RX-8氢转子发动机车型供挪威政府及相关单位使用。这是马自达汽车公司首次将氢转子动力车型交付日本以外地区使用。

2) 马自达RX-8 Hydrogen RE(外形见图2-24)

马自达RX-8 Hydrogen RE于2003年东京车展首次露面,随着2004年的路试、2006年的租赁,现在已经开始准商业化运作。RX-8 Hydrogen RE的动力源自一台RENESIS氢转子发动机(见图2-25),RENESIS是马自达汽车公司新一代转子发动机的称谓,该发动机于1999年在RX-EVOLV概念车上露面,2003年随着RX-8量产而正式走向市场。新一代RENESIS转子发动机最大的改进是采用了侧排气/侧吸气技术,排气量为0.65L×2,自然吸气,输出最大功率可达到184kW,最大扭矩为216N·m,燃油经济性和净化尾气排放方面也得到了大幅的改善。

马自达RX-8 Hydrogen RE上的RENESIS转子发动机被设计为可使用氢和汽油双燃料的发动机。发动机外壳上安装了4个氢气喷射器。在使用汽油为燃料行驶时,发动机与RX-8完全一样,采用两侧进/排气;当使用氢气为燃料行驶时,发动机便可通过安装在

图 2-24　马自达 RX-8 Hydrogen RE

图 2-25　马自达 RX-8 Hydrogen RE 上的 RENESIS 转子发动机

RENESIS 外壳上的喷射器直接喷射氢气。由于氢气密度小,喷射量比汽油多得多,因此每个转子配备两个喷射器。使用氢燃料时,氢转子发动机最大输出功率为 81kW,最大转矩为 120N·m;使用汽油时,氢转子发动机的最大功率为 154kW,最大扭矩为 222N·m。

马自达 RX-8 Hydrogen RE 在后行李厢安置了一个容量 74L,35MPa(约 350atm)的储氢罐,可以行驶 60km 左右。马自达汽车公司还有意研发 70MPa(约 700atm)的储氢罐。为了确保安全,该车还配备了 4 个氢气泄漏检测装置。驾驶员可以通过切换按钮来选择使用汽油或氢燃料,仪表上也多出了一项氢气余量显示表,以提醒驾驶员关注氢气余量。

第 **3** 章　汽车电动化技术的基础知识

随着汽车尾气的排放对人类健康和人们生活构成了严重威胁,能源问题也日益严重,因而人们再次把目光投向电动汽车,相继研制出多种电动汽车,并已商品化。其行驶里程、行驶车速已达到人们可以接受的程度。

在严格控制排放和节省能源的今天,借助于电力电子控制技术和计算机技术,加之对动力电池的不断改进,电动汽车终将战胜内燃机汽车,成为未来世界广泛采用的交通工具。

本章将介绍电动汽车的驱动电机、动力电池等核心技术。

3.1　驱动电机

驱动电机是电动汽车驱动系统的核心部件,其性能的好坏直接影响电动汽车驱动系统的性能,特别是电动汽车的最高车速、加速性能和爬坡性能等。

3.1.1　驱动电机的定义

驱动电机俗称马达,是指依据电磁感应定律实现电能转换或传递的一种电磁装置,在电路中用字母 M(旧标准用 D)表示。它的主要作用是产生驱动转矩,用作电器或各种机械的动力源,将电能转化为机械能。

电机主要由定子与转子组成,通电导线在磁场中受力运动的方向跟电流方向和磁感线方向(磁场方向)有关。电机工作原理是磁场对电流受力的作用,使电机转动。

3.1.2　驱动电机的额定指标

驱动电机的额定指标是指根据国家标准以及电机的设计、试验数据而确定的额定运行数据,是电机运行的基本依据。

1. 额定功率

额定功率是指额定运行情况下轴端输出的机械功率,常用单位为 W 或 kW。

2. 额定电压

额定电压是指外加于线端的电源线电压,常用单位为 V。

3. 额定电流

额定电流是指电机额定运行(额定电压、额定输出功率)的情况下电枢绕组(或定子绕组)的线电流,常用单位为 A。

4. 额定频率

额定频率是指电机额定运行情况下电枢(或定子侧)的频率,常用单位为 Hz。

5. 额定转速

额定转速是指电机额定运行(额定电压、额定频率、额定输出功率)的情况下,电机转子的转速,常用单位为 r/min。

当电机在额定运行情况下输出额定功率时,称为满载运行,这时电机的运行性能、经济性及可靠性等均处于优良状态。输出功率超过额定功率时称为过载运行,这时电机的负载电流大于额定电流,将引起电机过热,这会减短电机的使用寿命,严重时甚至烧毁电机。电机的输出功率小于额定功率时称为轻载运行,轻载时电机的效率和功率系数等运行性能均较差,因此应尽量避免电机轻载运行。

3.1.3 电动汽车对驱动电机的要求

用于电动汽车的驱动电机与常规的工业电机不同。电动汽车的驱动电机通常要求频繁起动/停车、加速/减速,此外,低速或爬坡时要求高转矩,高速行驶时要求低转矩,并要求变速范围大。而工业电机通常优化在额定的工作点。因此,电动汽车驱动电机比较独特,应单独归为一类。

电动汽车的驱动电机在负载要求、技术性能和工作环境等方面有着特殊的要求,具体包括:

(1)电动汽车驱动电机需要有 4～5 倍的过载以满足短时加速或爬坡的要求;而工业电机只要求有 2 倍的过载就可以了。

(2)电动汽车的最高转速要求达到在公路上巡航时基本速度的 4～5 倍;而工业电机只需要达到恒功率是基本速度的 2 倍即可。

(3)电动汽车驱动电机需要根据车型和驾驶员的驾驶习惯设计;而工业电机只需根据典型的工作模式设计。

(4)电动汽车驱动电机要求有高度功率密度(一般要求达到 1kW/kg)和好的效率图(在较宽的转速范围和转矩范围内都有较高的效率),从而降低车重,延长续航里程;而工业电机通常对功率密度、效率和成本进行综合考虑,在额定工作点附近对效率进行优化。

(5)电动汽车驱动电机要求工作可控性高、稳态精度高、动态性能好;而工业电机只有某一种特定的性能要求。

(6)电动汽车驱动电机被装在机动车上,空间小,工作在高温、坏天气及频繁振动等恶劣环境下;而工业电机通常在某一个固定位置工作。

3.1.4　电动汽车常用的驱动电机

电机在电动汽车上主要用来驱动车轮,因此电机本身的性能也会影响电动汽车的行驶表现。按电流类型划分,驱动电机可分为直流电机和交流电机两种。从现已成熟的电机技术来看,开关磁阻电机在各个技术特性方面似乎更符合电动车的使用需要,但尚未得到普及;由于直流电机可靠性差,维护困难,目前的电动汽车已经基本上将其淘汰;永磁同步电机已经开始装配在一些量产车上,例如腾势、宝马i3。目前应用较广泛的是异步电机。

表3-1列出了四种典型电机的性能特性。

表 3-1　四种典型电机的性能特性

性能及类型	直流电机	交流电机		
		异步电机	永磁同步电机	开关磁阻电机
转速范围/(r/min)	4000～6000	12000～20000	4000～10000	>15000
功率密度	低	中	高	较高
电机质量	重	中	轻	轻
电机体积	大	中	小	小
可靠性	一般	好	优良	好
结构坚固性	差	好	好	好
控制器成本	低	高	高	一般

1. 直流电机

1) 定义

直流电机(direct current motor)是指将直流电能转换成机械能的电机,是电机的主要类型之一。

2) 特点

(1) 调速性能好。直流电机的调速范围宽广,调速特性平滑,可实现频繁的无级快速起动、制动和反转。

(2) 起动转矩大。直流电机过载能力较强,起动和制动转矩较大。

(3) 控制比较简单。直流电机一般用斩波器控制,具有效率高、控制灵活、响应快等优点。

(4) 可靠性差,维护困难。由于存在换向器,直流电机的制造复杂,价格较高,且运行时由于电刷与换向器之间容易产生火花,因而可靠性较差,维护比较困难。

3) 结构

直流电机可分为定子、转子和换向器三部分,其中,定子主要包括定子铁芯、励磁绕组等,转子主要包括电枢铁芯、电枢绕组等。图3-1所示为江淮和悦iVE电动汽车的直流电机及控制器在车上的位置。

2. 无刷直流电机

电池储存电能,电能以直流电的方式从电池输出经过转换器传至电机。直流电机可分为有刷直流电机和无刷直流电机,有刷直流电机因维护不便已被无刷直流电机取代。无刷

图 3-1　江淮和悦 iVE 电动汽车直流电机及其控制器

直流电机是入门级电动车上使用最常见的一种。

1）分类

按照工作特性，无刷直流电机可以分为具有直流电机特性的无刷直流电机以及具有交流电机特性的无刷直流电机。目前电动汽车上应用较多的是具有直流电机特性的无刷直流电机。

2）特点

（1）体积小、质量轻、比功率大，可有效减轻质量，节省空间。

（2）效率高，特别是在轻载的情况下，仍然能够保持较高的效率。

（3）具有低速、大转矩特性，能够提供大的起动转矩，满足电动汽车的加速要求。

（4）无电刷，无机械换向器，运行可靠性高，同时电机寿命比较长，维护方便。

（5）速度范围宽，可以在低、中、高速度范围内运行。

3）结构

无刷直流电机的结构比较简单，与有刷直流电机控制特性相似而结构不同。无刷直流电机主要由电机本体、电子换向器和位置传感器三部分组成，

（1）电机本体由定子和转子组成。

（2）电子换向器由功率开关和位置信号处理电路构成，主要用来控制定子各绕组通电的顺序和时间。

（3）位置传感器在无刷直流电机中起着检测转子磁极位置的作用，为功率开关电路提供正确的换相信息，即将转子磁极的位置信号转换成电信号，经位置信号处理电路处理后控制定子绕组换相。

3. 异步电机

异步电机一般被归纳到交流电机范畴。变频调速是电机首先要具备的功能，因为纯电动汽车的车轮由电机和差速器组成的传动机构进行驱动，电机本身的转速范围即可满足车辆的行驶需要，因此，从技术结构上看，变速箱不再是整个动力系统的必要装置，但是，在变频调速的性能方面，还是对电机提出了较高的要求。另外，倒车也是日常驾驶时经常遇到的

问题,所以,还需要电机能够自如地在正反转状态间切换。

异步电机具备变频调速的能力,其效果相当于我们所理解的装配有无级变速箱的车辆,在加速时发动机转速与车速呈较为线性的对应关系。而上面提到的倒车问题,异步电机也可轻易通过自身正反转的切换给予满足。

异步电机实现动能回收也较容易。车辆滑行或制动时,车轮反拖电机转动,在此工况下,电机可进行发电并将电能回收到电池中,从而延长了车辆的续航里程。

1) 定义与分类

异步电机又称感应电机,是由气隙旋转磁场与转子绕组感应电流相互作用产生电磁转矩,从而实现机电能量转换为机械能量的一种交流电机。

异步电机按照转子结构来分,有鼠笼式异步电机和绕线型异步电机;按照定子绕组相数来分,有单相异步电机、两相异步电机和三相异步电机。在电动汽车中,主要使用的是鼠笼式异步电机。

2) 特点

异步电机的基本特点是,转子绕组不需与其他电源相连,其定子电流直接取自交流电力系统。与其他电机相比,异步电机的结构简单,制造、使用、维护方便,运行可靠性高,质量轻,成本低。具体的优点如下:

(1) 小型轻量化;

(2) 易实现转速超过10000r/min的高速旋转;

(3) 高速低转矩时运转效率高;

(4) 低速时有高转矩,以及有宽泛的速度控制范围;

(5) 高可靠性(坚固);

(6) 制造成本低;

(7) 控制装置的简单化。

3) 结构

异步电机的结构比较简单,如图3-2所示,它由静止的定子和旋转的转子两个主要部件组成,定子和转子之间有一定的气隙。定子主要由定子铁芯、定子绕组和机壳构成。机壳作为结构部件,一般不作为磁路的一部分。转子主要由转子铁芯和转子绕组组成。

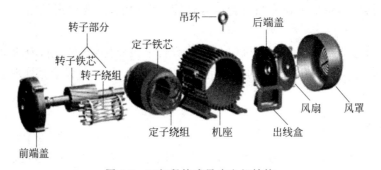

图3-2　三相鼠笼式异步电机结构

图3-3所示为异步电机的应用实例。

图 3-3 异步电机的应用实例

4. 永磁同步电机

永磁同步电机的结构与直流电机相似,同样具备无刷直流电机的结构简单、运行可靠、功率密度大、调速性能好等特点。由于永磁同步电机采用的驱动方式不同于直流电机,从而在噪声以及控制精度环节,永磁同步电机更胜一筹。

1) 特点

永磁同步电机的结构简单、体积小、质量轻、损耗小、效率高。与直流电机相比,永磁电机没有直流电机的换向器和电刷等缺点;与异步电机相比,由于不需要无功励磁电流,因而永磁电机的效率高、功率系数大、力矩惯量比大、定子电流和定子电阻损耗小,且转子参数可测、控制性能好;但与异步电机相比,永磁电机也有成本高、起动困难等缺点。

另外,永磁异步电机(见图 3-4)的转速范围宽泛,为 4000~10000r/min,功率密度高,可靠性好,结构坚固,但与之配套的控制器的成本较高。

图 3-4 永磁同步电机

永磁同步电机的使用对于电动汽车的乘坐舒适性也有帮助。通常情况下,我们把乘员舱的静音性当作衡量一款汽车舒适性的因素之一。目前的电动汽车大多只提供一级减速器,当电机的转速较高时,受电机驱动方式、装配精度以及各部件间的匹配等因素影响,车辆行驶时电机发出的噪声有可能影响到车内乘员的乘坐舒适性。当然,我们并不否认整车隔音工程的作用,但仅评价对噪声源的控制方面,永磁同步电机还是具有一定的优势。另外,它的体积也更小,换言之,布置更为灵活,更轻的自重对整车质量也有所贡献。宝马 i3 选择的正是永磁同步电机。市场上常见的电动汽车中,装配永磁电机的部分车型见图 3-5。

(a)　　　　　　　　　　　　　　(b)

(c)　　　　　　　　　　　　　　(d)

图 3-5　装配永磁同步电机的车型

(a) 比亚迪 E6;(b) 腾势;(c) 宝马 i3;(d) 沃蓝达 Volt

2) 结构

永磁同步电机的结构和传统电机一样,主要由定子和转子两大部分组成,如图 3-6 所示。永磁同步电机的定子与普通感应电机基本相同,由电枢铁芯和电枢绕组构成;转子主要由永磁体、转子铁芯和转轴等组成。

与普通电机相比,永磁同步电机还必须装有转子永磁体位置检测器,用来检测磁极位置,并以此对电枢电流进行控制,达到对永磁同步电机驱动控制的目的。图 3-7 所示为永磁同步电机的分解图。

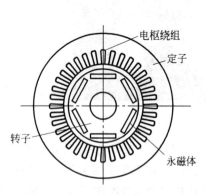

图 3-6　永磁同步电机结构示意图

图 3-7　永磁同步电机实物分解图

5. 开关磁阻电机

开关磁阻电机具有巨大的发展潜力。在同样具备结构简单、坚固耐用、工作可靠、效率高等优势的前提下,开关磁阻电机的调速系统可控参数多,经济指标比上述电机都要好;功率密度也更高,这意味着电机质量更轻、功率更大,如当电流达到额定电流的 15% 时即可实现 100% 的起动转矩。另外,更小的体积也使得电动汽车的整车设计更为灵活,可以将更大的空间贡献给车内。更为重要的是,开关磁阻电机的成本也不高。

1) 结构

开关磁阻电机(见图 3-8)的结构简单坚固,调速范围宽,调速性能优异,且在整个调速范围内都具有较高效率,系统可靠性高。其主要由开关磁阻电机、功率变换器、控制器和位置检测器四部分组成。控制器内包含功率变换器和控制电路,而转子位置检测器则安装在电机的一端。

开关磁阻电机的结构特点如下:

(1) 定子和转子均为凸极结构;

(2) 定子上空间相对的两个极上的线圈串联或并联构成一相绕组;

(3) 定子集中绕组,绕组为单方向通电;

(4) 转子上无绕组;

(5) 最常见的组合为 6/4 极、8/6 极或 12/8 极。

四相开关磁阻电机的工作原理图如图 3-9 所示。

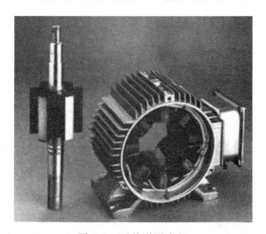

图 3-8　开关磁阻电机

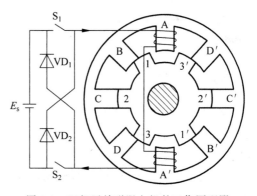

图 3-9　四相开关磁阻电机的工作原理图

2) 特点

开关磁阻电机和其他电机相比,其主要优点如下:

(1) 开关磁阻电机有较大的电机利用系数,可以是感应电机利用系数的 1.2～1.4 倍。

(2) 电机的结构简单,转子上没有任何形式的绕组;定子上只有简单的集中绕组,端部较短,没有相间跨接线。因此,具有制造工序少、成本低、工作可靠、维修量小等特点。

(3) 开关磁阻电机的转矩与电流极性无关,只需要单向的电流激励,理想上功率变换电路中每相可以只用一个开关元件,且与电机绕组串联,不会像脉冲宽度调制(pulse width

modulation,PWM)逆变器电源那样,存在两个开关元件直通的危险。所以,开关磁阻电机驱动系统线路简单,可靠性高,成本低于 PWM 交流调速系统。

(4) 开关磁阻电机转子的结构形式对转速限制小,可制成高转速电机,而且转子的转动惯量小,在电流每次换相时又可以随时改变相匝转矩的大小和方向,因而系统有良好的动态响应。

(5) 由于开关磁阻电机采用了独特的结构和设计方法以及相应的控制技巧,其单位处理可以与感应电机相媲美,甚至还略占优势。开关磁阻电机调速系统的效率和功率密度在宽广的速度和负载范围内都可以维持在较高水平。

开关磁阻电机驱动系统的主要缺点如下:

(1) 有转矩脉动。从工作原理可知,开关磁阻电机转子上产生的转矩是由一系列脉冲转矩叠加而成的,由于双凸极结构和磁路饱和非线性的影响,合成转矩不是一个恒定转矩,而有一定的谐波分量,因此影响了电机的低速运行性能。

(2) 开关磁阻电机传动系统的噪声与振动比一般电机大。

(3) 开关磁阻电机的出线头较多,如三相开关磁阻电机至少有 4 根出线头,四相开关磁阻电机至少有 5 根出线头,而且还有位置检测器出线端。

上述缺点可通过对电动汽车电机进行精心设计、采取适当措施,并从控制角度考虑采用合理策略方面得到改进。

3.2　动力电池

电池作为电动汽车的动力源,一直以来被视为电动汽车发展的重要标志性技术,也是制约电动汽车发展的重要瓶颈,其性能的好坏直接关系到整车续航里程的长短。

3.2.1　电池的分类

电池从广义上讲主要可分为化学电池、物理电池和生物电池三大类,其中化学电池和物理电池已经应用于量产电动汽车上,而生物电池则被视为未来电动汽车电池的重要发展方向之一。

(1) 化学电池。化学电池是利用物质的化学反应发电。按工作性质,化学电池可分为一次电池(原电池)、二次电池(可充电电池)和铅酸蓄电池。一次电池可分为糊式锌锰电池、纸板锌锰电池、碱性锌锰电池、扣式锌银电池、扣式锂锰电池、扣式锌锰电池、锌空气电池、一次锂锰电池等。二次电池可分为镉镍电池、氢镍电池、锂离子电池、锂聚合物电池、燃料电池、二次碱性锌锰电池等。铅酸蓄电池可分为开口式铅酸蓄电池、全密闭铅酸蓄电池。

(2) 物理电池。物理电池是利用光、热、物理吸附等物理能量发电的电池,如飞轮电池、超级电容等。

(3) 生物电池。生物电池是利用生物化学反应发电的电池,如微生物电池、酶电池和生物太阳能电池等。

3.2.2　电动汽车对动力电池的要求

（1）电池一致性。一致性是动力电池的表现形式之一。一致性主要是指同一规格型号的单体电池组成电池组后，其电压、荷电量、容量及其衰退率、内阻及其变化率、寿命、温度影响、自放电率等参数存在一定的差别。

（2）价格较低，操作和维护方便。电动汽车主要靠动力电池来提供动力来源，若动力电池价格高、操作不方便、难维护，电动汽车要更换动力电池的话，费用会很高，使用起来就会非常不划算。

（3）良好的充放电性能。因为电动汽车需要大电流供电，所以对动力电池的性能提出了更高要求。过充电是指电池经一定充电过程充满电后，再继续充电的行为；电池放完内部储存的电量，电压达到一定值后，继续放电就会造成过放电，通常根据放电电流来确定放电截止电压。电池过放可能会给电池带来灾难性的后果，特别是大电流过放或反复过放对电池的影响更大。这对电池寿命而言是非常受影响的，因此具有良好的充放电性能是非常必要的。

（4）较长的循环寿命。循环寿命即使用寿命，我们在使用动力电池时，关心的是使用的时间，为了衡量充电电池到底可以使用多长时间，就规定了循环次数的定义。具有较长的循环寿命，就是指能够具有较长的使用时间，这一点是决定动力电池质量的关键性因素。

（5）功率密度高。为了使电动汽车在加速行驶、爬坡能力和负载行驶等方面能与燃油汽车相竞争，就要求电池具有高的功率密度。

（6）能量密度高。为了提高电动汽车的续航里程，要求电动汽车上的动力电池尽可能储存多的能量，但电动汽车又不能太重，其安装电池的空间也有限，这就要求电池具有高的能量密度。

（7）安全性高。电池不能引起自燃或燃烧，在发生碰撞等交通事故时，不能对乘员造成二次伤害。

3.2.3　电动汽车常用动力电池

出于对目前电动汽车常用动力电池的实际应用情况的考虑，我们只对化学电池和物理电池进行详细介绍，读者若对生物电池也感兴趣，可另行参阅其他资料。

1. 化学电池

化学电池是目前电动汽车领域应用最广泛的电池种类，如镍氢电池、锂离子电池、锂聚合物电池、燃料电池等都属于这一范畴；从结构角度上讲，可进一步分为蓄电池和燃料电池两大类别。目前绝大多数电动汽车都采用蓄电池技术进行驱动，如丰田普锐斯、特斯拉MODEL S 等。当然，这里所讲的蓄电池并不是我们日常所讲的汽车电瓶，而是对可重复充电电池的统称，其中车载电瓶通常使用的铅酸蓄电池仅仅是细分门类的一种。

1）锂电池

锂电池是目前电动汽车上最常用的电池种类之一。虽然它从 1970 年诞生至今时间并不算长，但凭借能量密度高、循环使用寿命长等特点，迅速占据了电动汽车电池市场的绝大部分江山。锂电池的正极材料有很多种,主要有钴酸锂、锰酸锂、镍酸锂、三元锂、磷酸铁锂等,根据正极材料的不同,锂电池的种类也不同。目前,在售电动汽车配备的锂电池主要有磷酸铁锂电池及三元锂电池两种,这两种电池在自身特点上存在显著差异。

(1)磷酸铁锂电池(外形见图3-10)

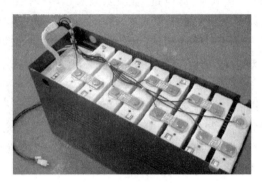

图3-10　磷酸铁锂电池

磷酸铁锂电池是指用磷酸铁锂作为正极材料的锂离子电池,它具有如下优点:

① 高能量密度,其理论比容量为170mA·h/g,产品实际比容量可超过140mA·h/g(0.2C,25℃)。

② 安全性好。磷酸铁锂晶体中的P—O键稳固,难以分解,即便在高温或过充时也不会像钴酸锂那样结构崩塌发热或是形成强氧化性物质,因此拥有良好的安全性。

③ 寿命长。长寿命铅酸电池的循环寿命在300次左右,最高也就500次,而磷酸铁锂动力电池的循环寿命达到2000次以上,标准充电(5小时率)使用可达到2000次。同质量的铅酸电池是"新半年、旧半年、维护维护又半年",最多也就1~1.5年时间,而磷酸铁锂电池在同样条件下使用可达到7~8年。

④ 无记忆效应。可充电池若经常处于充满不放完的条件下工作,容量会迅速低于额定容量值,这种现象称为记忆效应。镍氢、镍镉电池等都存在记忆性,而磷酸铁锂电池无此现象,电池无论处于什么状态,可随充随用,无须先放完再充电。

⑤ 充电性能好。磷酸铁锂电池可大电流2C快速充放电,在专用充电器下,1.5C充电40min即可使电池充满,起动电流可达2C,而铅酸电池现在无此性能。

⑥ 充放电效率高。磷酸铁锂电池充放电效率相对高一些,在90%以上,而铅酸电池约为70%。

⑦ 高温性能好,工作温度范围宽广,可达-20~+65℃。

⑧ 容量大。磷酸铁锂电池具有比其他锂电池更大的容量,单体可达5~200A·h。

⑨ 质量轻。同等规格容量的磷酸铁锂电池的体积是铅酸电池体积的2/3,质量是铅酸电池的1/3。

⑩ 环保性好。该电池不含任何重金属与稀有金属(镍氢电池需稀有金属),无毒(瑞士通用公证行(Societe Generale de Surveillance,SGS)认证通过)、无污染,符合欧洲RoHS规定,为绝对的绿色环保电池。铅酸电池中存在着大量的铅,在废弃后若处理不当,会对环境造成二次污染,而磷酸铁锂材料无论在生产和使用中均无污染。

正是因为磷酸铁锂电池有这么多的优点,所以目前在售的很多电动汽车都是采用的磷酸铁锂电池。尤其是电动客车,磷酸铁锂电池的市场占有率尤其高,2015 年 11 月,磷酸铁锂电池在电动客车上装机量占到了 64.9%。乘用车方面,腾势电动车(外形见图 3-11)也采用了 144 节磷酸铁锂电池作为其动力来源。

图 3-11　腾势电动车

（2）三元锂电池

三元聚合物锂电池(简称三元锂电池)是指正极材料使用镍钴锰酸锂($Li(NiCoMn)O_2$)三元正极材料的锂电池(见图 3-12)。

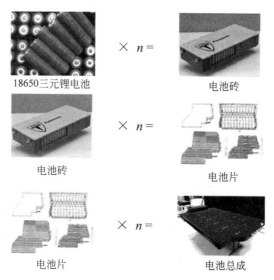

图 3-12　电动车用三元锂电池

与磷酸铁锂电池相比,特斯拉 MODEL S 使用的三元锂电池在质量能量密度上要高出许多,约为 200W·h/kg,这也就意味着同样质量的三元锂电池比磷酸铁锂电池的续航里程更长。

三元锂电池和磷酸铁锂电池各自的特性不同,主要矛盾集中在"能量密度"和"安全性"上。三元锂电池的能量密度更大,但安全性经常受到怀疑。磷酸铁锂电池虽然能量密度小,但它更安全。所谓"安全性"的差异,主要还是在正极材料上。这两种材料都会在达到一定温度时发生分解,三元锂材料会在 250～350℃时发生分解。且三元锂材料的化学反应更加剧烈,会释放氧气,在高温作用下电解液迅速燃烧,发生连锁反应。而磷酸铁锂会在 700～800℃时发生分解,且不会像三元锂材料一样释放氧分子,燃烧没那么剧烈。说简单点,就是三元锂材料比磷酸铁锂材料更容易着火。因此,这就对电池管理系统提出了极高的要求,需要为每节电池分别加装保险装置。除此之外,由于单体体积很小,所以单车使用的电池单体数量非常庞大,以特斯拉 MODEL S 为例(见图 3-13),7000 余节 18650 三元锂电池才能满足一辆车的装配用量,这无疑给电池管理系统增大了控制难度。

图 3-13　特斯拉三元锂电池组

从总的趋势来看,国内车企乘用车也开始纷纷转向使用三元锂电池,包括北汽、比亚迪、江淮等。相应的供应商也在加速三元锂电池的生产,比如亿纬锂能公司在 2015 年半年年报中透露,二期工厂将主要生产三元锂电池。

在纯电动乘用车市场,三元锂电池在 2015 年 11 月的装机量超过了 76%。

2)镍氢电池(外形见图 3-14)

图 3-14　镍氢电池

镍氢电池是目前除锂电池外另一主流电动汽车动力电池种类,它于 20 世纪 90 年代后逐渐发展起来,以丰田普锐斯(外形见图 3-15)为代表的很多混合动力汽车均采用此类电池作为储能元件。其能量密度与普通的锂电池差距并不大,为 70～100W·h/kg,但由于电池单体电压仅为 1.2V,是锂电池的 1/3,因此在需求电压一定的情况下,其电池组的体积要比锂电池大一些。

图 3-15 采用镍氢电池组的丰田普锐斯

与锂电池一样,镍氢电池也需要电池管理系统,不过其更注重电池的充放电管理。之所以存在这样的区别,主要是源于镍氢电池具有"记忆效应",即电池在循环充放电过程中容量会出现衰减,而过度充电或放电,都可能加剧电池的容量损耗(锂电池此项特性几乎可忽略不计)。因此对于厂商来说,镍氢电池控制系统在设定上都会主动避免过度充放电,如将电池的充放电区间人为控制在总容量的一定百分比范围内,以降低容量衰减速度。

3)燃料电池

燃料电池(fuel cell)是一种将存在于燃料与氧化剂中的化学能直接转化为电能的发电装置。图 3-16 所示为丰田燃料电池模型。

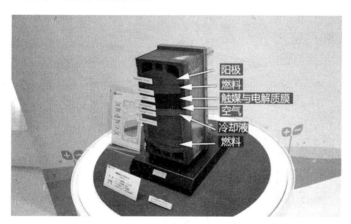

图 3-16 丰田燃料电池模型

燃料电池其实不是"电池",准确地说,它是一个大的发电系统,由于它具有能量转换效率高、无污染、寿命长、运行平稳等特点,被业界公认为未来汽车的最佳能源。简单来说,燃料电池是通过化学反应将化学能转换为电能的一种装置,而能量的来源主要是依靠不断供给燃料及氧化剂产生的。

氢燃料电池的基本原理是电解水的逆反应。把氢和氧分别供给阴极和阳极,氢通过阴极向外扩散和电解质发生反应后,放出的电子通过外部负载到达阳极。理论上,燃料电池能采用的燃料种类很多,甚至是传统内燃机所用燃料均可,不过真正能起电化学反应的,仅仅是其中的氢和氧化剂中的氧,因此,氢燃料电池是目前燃料电池的研究核心。氢燃料电池原理如图 3-17 所示。

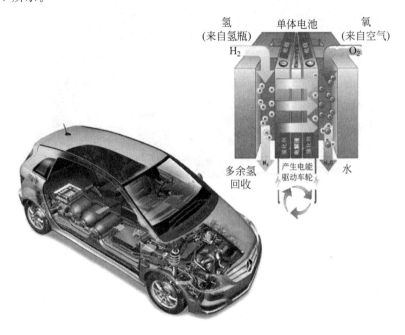

图 3-17　氢燃料电池原理

图 3-18 所示丰田开发的燃料电池公共汽车 FCHV 已投入公共交通运营中。

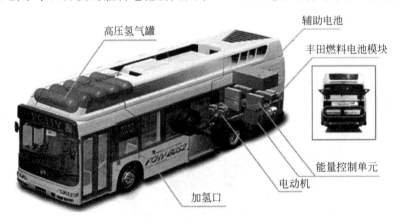

图 3-18　丰田燃料电池公共汽车 FCHV

燃料电池的特点如下:

(1) 能量转换效率高。燃料电池的化学反应不受卡诺循环的限制,理论上能量效率可接近 80%,实际效率已达 50%～70%。

(2) 清洁无污染。

(3) 效率随输出功率变化的特性好。燃料电池的效率在额定功率附近可达 60%;部分功率下运行时效率会高于额定功率下的效率,可达 70%;过载功率下运行时效率略低于额定功率的效率,可达 50%～55%。燃料电池的效率随输出功率变化的特性比内燃机更适合汽车的实际运行情况。

（4）过载能力强。燃料电池的短时过载能力可达 200% 的额定功率，更适合汽车的加速、爬坡等工况。

（5）低噪声。就当今市场而言，燃料电池汽车离我们并不遥远。世界首款量产燃料电池汽车丰田 FCV（外形见图 3-19，结构见图 3-20）已于 2015 年 3 月在日本正式销售。该车配备了两个 70MPa 的高压燃料堆，输出功率为 122ps（约 90kW），续航里程可达 700km（日本 JC08 工况下）。除此之外，其添加燃料仅需 3min，比传统电动汽车的充电时间要快很多。

图 3-19　丰田燃料电池汽车 FCV

图 3-20　丰田燃料电池汽车 FCV 结构图

虽然燃料电池是未来汽车的最佳能源，但要想普及应用到乘用车领域，车用燃料电池还需要解决好以下关键问题：

（1）提高车用燃料电池单位质量（或体积）、电流密度及功率，提高车辆的快速起动和动力响应能力。

（2）必须解决好氢气的安全问题。

（3）必须开发质量轻、体积小、能储存更多氢能的储存器，以便更有效地利用燃料能量，提高续航里程和载质量。

（4）增大投入，加快加氢站的建设，为氢燃料电池汽车的普及解决后顾之忧。

2. 物理电池

物理电池，顾名思义，就是依靠物理变化来提供、储存电能的电池，如超级电容、飞轮电池等，都属于物理电池的家族成员。

1）超级电容（外形见图3-21）

超级电容（supercapacitors，ultracapacitor），又名电化学电容器（electrochemical capacitors）、双电层电容器（electrical double-layer capacitor）、黄金电容、法拉第电容，是从二十世纪七八十年代发展起来的通过极化电解质来储能的一种电化学元件。

图 3-21　超级电容

超级电容的特点如下：

（1）充电速度快，充电 10s～10min 可达到其额定容量的 95% 以上；

（2）循环使用寿命长，深度充放电循环使用次数可达 1 万～50 万次，没有"记忆效应"；

（3）大电流放电能力超强，能量转换效率高，过程损失小，大电流能量循环效率≥90%；

（4）功率密度高，可达 300～5000W/kg，相当于电池的 5～10 倍；

（5）产品原材料构成、生产、使用、储存以及拆解过程均没有污染，是理想的绿色环保电源；

（6）充放电电路简单，无须充电电池那样的充电电路，安全系数高，长期使用免维护；

（7）超低温特性好，温度范围宽，可达－40～＋70℃；

（8）检测方便，剩余电量可直接读出；

（9）容量范围大，通常在 0.1～1000F。

当然，有优势就会有不足，能量密度低就是制约超级电容发展的首要瓶颈。目前超级电容多应用于车辆起动系统、军事及少量公交车辆，至于是否可作为家用车动力电源使用，还需等能量密度难题有所突破后方可知晓。

2000 年上海世博会时，61 辆超级电容公交车（见图3-22）投入运营。虽然其充电时间很短，仅需几十秒，但续航里程也仅能维持 3～5km，距离走入百姓家庭还有不小的差距。

图 3-22 超级电容公交车

2）飞轮电池

飞轮电池是 20 世纪 90 年代才提出的新概念电池,它突破了化学电池的局限,用物理方法实现储能。众所周知,当飞轮以一定角速度旋转时,它就具有一定的动能,飞轮电池正是以其动能转换成电能。高技术型的飞轮用于储存电能,就很像标准电池。

如图 3-23 所示,飞轮电池主要由飞轮、电机、发电机和输入/输出装置组成。当飞轮转速上升时,电池为储能状态;转速下降时,电池为供能状态。

图 3-23 飞轮电池

飞轮电池兼顾了化学电池、燃料电池和超导电池等储能装置的诸多优点,主要表现在如下几个方面:

（1）能量密度高,储能密度可达 $100\sim200\mathrm{W\cdot h/kg}$,功率密度可达 $5000\sim10000\mathrm{W/kg}$。

（2）能量转换效率高,工作效率高达 90%。

（3）体积小、质量轻。飞轮直径二十多厘米,总质量在十几千克。

（4）工作温度范围宽,对环境温度没有严格要求。

（5）使用寿命长。不受重复深度放电影响,能够循环几百万次运行,预期寿命 20 年以上。

（6）低损耗、低维护。飞轮电池采用的磁悬浮轴承和真空环境可使机械损耗几乎被忽略,从而延长系统维护周期。

飞轮电池的优点很多,但缺点也很明显:

(1)由于在实际工作中,飞轮的转速可达 40000～50000r/min,一般金属制成的飞轮无法承受这样高的转速,容易解体,所以飞轮一般都采用碳纤维制成。制造飞轮的碳纤维材料目前成本还比较高。

(2)飞轮一旦充电就会不停转动下去。当不用电时,飞轮还在那里转动,浪费能量。例如,给一辆飞轮电池汽车充电后,该汽车可以行驶 3h,汽车走了 2h 后,车主需要就餐 30min,那么,这 30min 飞轮就在那里白白转动。不过,也有人说,飞轮空转时,由于没有负载,能量损失不会太大,比目前存放一段时间不用的蓄电池损失的能量还要小。如果静止不动,几乎没有能量损失。目前解决的办法是给飞轮电池配备化学充电电池,当不需要用电时,可把飞轮转动的电能充进化学电池中。但是给飞轮电池配备化学电池带来的问题是,增加了汽车或设备的质量。

在 2010 年 10 月美国勒芒系列赛最后一轮中,保时捷 911 GT3 混合动力赛车(外形见图 3-24(a))就首次正式使用飞轮电池技术,而其便是鼎鼎大名的保时捷 918 Spyder(外形见图 3-24(b))的前身。不过这两款车型的飞轮电池均仅作辅助能源使用,其功能类似于我们常见的制动能量回收系统。

(a)

(b)

图 3-24　装有飞轮电池的保时捷
(a)保时捷 911 GT3 混合动力赛车;(b)保时捷 918 Spyder

3.3　能源管理系统

3.3.1　能源管理系统的定义

电动汽车能源管理系统是指对电动汽车动力系统能源转换装置的工作能量进行协调、分配和控制的软、硬件系统。图 3-25 所示为电动汽车能源管理系统图。

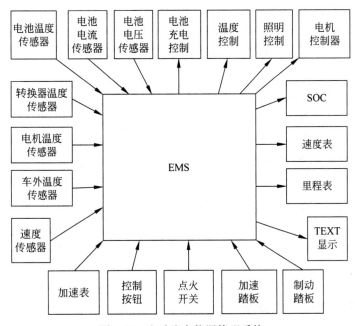

图 3-25　电动汽车能源管理系统

电动汽车能源管理系统在电动汽车中非常重要,其应具有从电动汽车各子系统采集运行数据、控制完成电池的充电、显示蓄电池的荷电状态、预测剩余行驶里程、监控电池的状态、调节车内温度、调节车灯亮度,以及回收再生制动能量为蓄电池充电等功能。能源管理系统中最主要的是电池管理系统。

3.3.2　电池管理系统的功用

二次电池存在一些缺点,如存储能量少、寿命短、串/并联混合使用、使用安全性差、电池电量估算困难等。电池的性能是很复杂的,不同类型的电池特性亦相差很大。电池管理系统(battery management system,BMS)的主要功能为提高电池的利用率、防止电池出现过充电和过放电、延长电池的使用寿命、监控电池的状态等。

典型的电动汽车电池管理系统应具备以下几个功能:

(1) BMS 应能准确估测动力电池组的荷电状态(state of charge,SOC,即电池剩余电量),保证 SOC 维持在合理的范围内,以防止由于过充电或过放电对电池的损伤,从而随时预报混合动力汽车储能电池还剩余多少能量或者储能电池的荷电状态。

（2）BMS 应动态监测动力电池组的工作状态。在电池充放电过程中，BMS 应实时采集电动汽车动力电池组中每块电池的端电压和温度、充放电电流及电池包总电压，防止电池发生过充电或过放电现象；同时能够及时给出电池状况，挑选出有问题的电池，保持整组电池运行的可靠性和高效性，使剩余电量估计模型的实现成为可能。此外，还要建立每块电池的使用历史档案，为进一步优化和开发新型电池、充电器、电机等提供资料，为离线分析系统故障提供依据。

（3）BMS 应具备在线诊断功能，可诊断故障包括传感器故障，网络故障，电池故障，电池过充、过放、过流，绝缘故障等。

（4）BMS 应提供电池安全保护和报警（包括温控系统控制和高压控制）。当诊断出故障时，BMS 应上报故障给整车控制器和充电机，同时切断高压来保护电池不受损害以及提供漏电保护等。

（5）BMS 应实现充电控制（包括 BMS 慢充和快充控制）。

（6）BMS 应实现电池一致性控制。BMS 采集单体电压信息，采用均衡方式使电池达到一致性。电池的均衡方式有耗散式和非耗散式。

（7）BMS 应具有热管理功能。通过对电池包各点的温度采集，在充电和放电过中，BMS 决定是否开启加热和冷却。

（8）BMS 应具有网络功能，包括在线标定和健康、在线程序下载等。通常采用 CAN 网络。

（9）BMS 应能实现信息存储。BMS 需要能够存储关键数据，如 SOC、SOH、充放电安时数、故障码等。

3.3.3　纯电动汽车能源管理系统

1. 纯电动汽车能源管理系统的组成

纯电动汽车能源管理系统主要由电池输入控制器、车辆运行状态参数、车辆操纵状态、能源管理系统、电池输出控制器、电动机/发电机系统控制等组成。能源管理系统电控单元（electronic control unit，ECU）提供的参数包括各电池组的状态参数（如工作电压、放电电流和电池温度等）、车辆运行状态参数（如行驶速度、电机功率等）和车辆操纵状态（如制动、起动、加速和减速等）等。能源管理系统具有对检测的状态参数实时显示的功能。ECU 对检测的状态参数按预定的算法进行推理与计算，并向电池、电机等发出合适的控制和显示指令等，实现电池能量的优化管理与控制。

2. 电池荷（充）电状态指示器

电动汽车蓄电池中储存有多少电能，还能行驶多少里程，是电动汽车行驶中必须知道的重要参数。与燃油汽车的油量表类似的仪表就是电池荷（充）电状态指示器，它是能源管理系统的一个重要装置。

3. 电池管理系统

电池管理系统是能源管理系统的一个子系统。电动汽车电池携带的能量是有限的,也是非常宝贵的。为了增加电动汽车的续航里程,对电池系统进行全面的、有效的管理是十分必要的。电池管理系统在汽车运行过程中需完成的任务多种多样,其主要任务是保持电动汽车电池性能良好,并优化各电池的电性能和保存、显示测试数据等。

电池管理系统主要包括动力电池组管理系统、热(温度)管理系统和高压电线线路管理系统。

动力电池组管理系统一般采用微处理器通过标准通信接口、CAN 总线和控制模块等对动力电池组进行管理。

动力电池组管理系统监控动力电池组充电和放电时的电压和电流、动力电池组的温度变化等。通过显示装置来动态显示蓄电池在充电和放电工作过程中的 SOC 的变化,避免动力电池组过充或过放,保护蓄电池不受损害,保持电池组的最佳工作状态。

动力电池组管理系统对单节电池动态电压和温升的变化进行实时测量,对电池组中各个电池的不一致性进行监控和管理,从而及时发现和剔除有性能缺陷的单体蓄电池。

动力电池组管理系统显示荷电状态(SOC),提供电池温度信息、电池高温报警、电池性能异常早期报警,显示电解液状态,提供电池老化信息,记录电池关键数据。

电池的热管理系统保证电池组温度过高时有效散热、低温条件下快速加热,并保证所有电池单体较好的温度一致性以及有害气体产生时的有效通风。图 3-26 所示为电动汽车电池管理系统功能示意图。

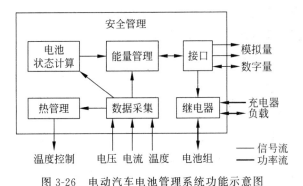

图 3-26　电动汽车电池管理系统功能示意图

3.3.4　混合动力电动汽车能源管理系统

混合动力电动汽车包含了两个或两个以上的能量源,是一个集成了机械、电气、化学和热力学系统的非线性系统。多个能量源和动力系统各部件可以相互配合组成不同的工作模式,以达到车辆的整体性能最优。但是多个能量源也增加了动力系统的复杂性,必须通过一定的管理策略来实现各种工作模式的切换和能量流的分配。常规混合动力汽车的动力全部来自发动机的燃料燃烧所释放的热能,电机驱动所需的电能是燃料的热能在车辆行驶中转化为电能后储存在蓄电池中的。而插电式混合动力汽车具有大容量的动力电池,并且可以吸收来自电网的能量,能量管理策略要解决的问题就是根据驾驶员意图和不同的行驶工况,进行不同工作模式的切换,控制多能量源之间功率流的协调和分配,合理利用电池从电网吸收的低成本电能,从全局的角度协调控制汽车各部件的工作状态,从而实现最优的整车性能(燃油经济性、油耗等)。能量管理策略是整车控制的核心,是实现混合动力汽车低油耗和低排放等目标的关键所在。

混合动力电动汽车的能量管理系统十分复杂,并且随着系统组成的不同呈现出很大差异。并联式与混联式混合动力汽车在理论上易于实现最优的燃油经济性和排放,但由于结构过于复杂,控制策略目前仍不成熟,需要进一步优化。一般的控制策略通常是根据电池的SOC、需求转矩、车速和驱动轮的平均功率等参数,按照一定的规则控制发动机和电机的转矩分配,以满足驱动轮驱动力矩的要求。目前公开发表的针对常规混合动力汽车的控制策略,主要有以下4种:

1) 基于规则的稳态能量管理策略

基于规则的稳态控制策略主要是依据工程经验,通过一组静态参数,限定发动机的工作区域,根据预先设定的规则来选择混合动力系统的工作模式,并根据部件的稳态效率图来确定如何进行发动机和电机之间的转矩分配,实现降低油耗和排放的目的。基于规则的稳态控制策略算法简单,易于实现,实用性强,是实现其他复杂控制策略的基础,在实际混合动力汽车的能量管理系统中得到广泛的应用。

2) 智能控制能量管理策略

智能控制策略是通过应用神经网络、遗传算法和模糊逻辑等智能控制技术来决定动力系统的工作模式和能量分配,基本出发点是模仿人的智能,根据被控系统的信息进行综合集成、推理决策,实现对复杂非线性系统的控制。人工神经网络是一种模仿生物神经网络行为特征,以人的大脑工作模式为基础,具有大量连接的并行分布式处理器。它不需要预先设定的程序和先验知识,而是通过网络中大量神经元的相互作用来实现其自身的处理功能,在许多方面更接近人的思维,具有很强的学习获取知识并解决问题的能力。其缺点是学习训练需要的数据量很大,并且经过学习后,神经网络的输入/输出关系不能用很直观的形式表现出来。遗传算法是建立在自然选择和遗传学基础上的迭代自适应概率性搜索算法,它能够实现在搜索空间上的多点充分搜索,达到优化问题的快速全局收敛。采用遗传算法进行优化,是经过染色体编码字符串进行操作,而不是针对参数本身,只需要通过适应度函数对优化问题进行评价,不需要其他形式的信息,具有很强的适应能力,特别适合能量管理策略控制参数的离线优化。模糊逻辑控制(fuzzy logic control)也是一种典型的智能型能量管理策略。模糊控制在发动机、电机和电池的能量管理问题上增加了模糊决策因素,使得这些能量管理问题逻辑性加强,更加符合人的思维逻辑。模糊控制是比较符合人的思维逻辑的控制算法之一。

3) 瞬时优化能量管理策略

瞬时优化控制策略以任意时刻能量损失最小为目标。它是在发动机最优工作曲线思想的基础上,对混合动力电动汽车在特定工况下整个动力系统的功率损失或名义油耗进行优化,从而得到瞬时最优工作点,再基于系统的瞬时最优工作点,对各个部件进行动态分配。通常的瞬时优化策略以减少名义油耗为目标,其思想是将电机的能量损耗转换为等效的发动机油耗,得到一张类似于发动机万有特性图的电机损耗图,电机的等效油耗与发动机的实际油耗之和称为名义油耗,瞬时优化模式从保证系统在每个工作时刻的名义油耗最小出发,进行转矩分配。也有的瞬时优化策略从功率损失出发,以动力系统中各部件的瞬时总功率损失最小为目标。在这种策略中,发动机工作点不仅要根据油耗曲线来设定,还要考虑电池的荷电状态。由优化理论可知,瞬时最小值之和并不等于和的最小值,因此瞬时优化模式并不是全局最优的控制策略。

4) 全局最优能量管理策略

全局最优控制策略是应用最优化方法和最优控制理论开发出来的混合动力分配控制策略。它是针对某个既定的驾驶循环工况,并且蓄电池的最终状态也要事先已知,然后根据当前状态,寻找实现目标状态的最佳路径,使整车的性能达到最优。全局优化就是动态最优控制,经典的全局最优控制理论有变分法、极小值原理和动态规划三种方法。其中,混合动力电动汽车控制策略采用最多的是贝尔曼动态规划理论。

全局最优模式实现了真正意义上的最优化,但实现这种策略的算法往往都比较复杂,计算量也很大,在实际车辆的实时控制中很难得到应用。通常的做法是把应用全局最优算法得到的能量管理策略作为参考,以帮助总结和提炼出能用于在线控制的能量管理策略,在保证可靠性和实际可能性的前提下进行优化控制。

3.4　电动汽车的关键技术

3.4.1　电池技术

动力电池的性能决定电动汽车的性能指标,其能量密度决定电动汽车一次充电的续航里程,功率密度决定电动汽车的加速性能和最高车速。随着电池技术的不断发展,目前应用在电动汽车上的电池种类繁多,但电池的某一项性能指标有缺陷都可能形成"短板效应",影响其整体性能。

电动汽车动力电池主要经过了三代的发展。第一代是铅酸电池,其应用广泛,技术比较成熟,但是比能量和比功率低是其致命弱点。第二代是碱性电池,当前在电动车上应用较多的主要有镍镉电池、镍氢电池、锂离子电池等。镍镉电池具有记忆效应,并且重金属镉对人及环境危害很大,在电动汽车上基本不再使用。镍氢电池虽然具有较高的比能量和比功率,但是它在低温时容量减小和高温时充电耐受性受到限制的问题使其应用受限。与其他蓄电池相比,锂离子电池具有比能量大、比功率高、无记忆效应、循环效率高、循环寿命长、工作温度范围广等优点,是相对最能满足电动汽车需求的电池类型之一。但是目前性能最好的锂离子电池的能量密度也仅为燃油的 2% 左右,其最大挑战是继续扩大单位电池容量的同时保证安全性并降低成本。第三代是燃料电池,如质子交换膜氢燃料电池,不经历热机过程,不受热力循环限制,能量转换效率高,是理想的车用动力电池。但是氢的化学性质活跃,不易储存,安全性有待提高,一些关键技术仍处于研发阶段。

目前有一些新概念"电池",如超级电容、飞轮电池、金属空气电池等,与动力电池组成的复合电源系统对车辆性能有很大提升,但是关于这些装置的研究还处于起步阶段。

各种电池在性能上存在的不同程度的缺陷是导致电动汽车未能大规模进入市场的原因之一,另一关键为电池的成组技术。电池组由大量单体电池串联而成,由于使用环境和生产工艺的影响,电压、电阻、容量、放电率等会发生不同程度的变化,成组后使用性能和循环寿命往往大打折扣。

3.4.2　电机驱动及控制技术

驱动电机是电动汽车核心系统之一，其应具有高转速、宽广的调速范围、瞬时功率大、过载能力强、足够大的起动扭矩、转矩控制的动态性强、安全高效、低成本等特点。应用于电动汽车上的驱动电机主要有直流电机（direct-current motor，DCM）、感应电机（induction motor，IM）、永磁同步电机（permanent magnet svero motor，PMSM）和开关磁阻电机（switched reluctance motor，SRM）。

直流电机在早期的电动汽车开发中应用较多，但是高速旋转时电刷和换向器之间会产生磨损和电火花，使其故障较多，寿命较短，限制了直流电机的应用。

感应电机结构简单，在大功率场合性能优于直流电机，较为成熟的是三相鼠笼式异步电机，此类电机在美国和欧洲的纯电动车上应用较多。

永磁同步电机体积小、惯性低、响应快，有较高的能量密度和效率，在电动汽车上有很好的应用前景。

而开关磁阻电机控制要求高、高噪声的特点使其在电动汽车领域的应用不是很广泛，目前较多地应用在景区电动观光车上。

电机驱动形式主要有集中驱动和电动轮驱动。集中驱动形式基本是用电机及相关部件取代传统燃油汽车的发动机，其优点是相关技术已经非常成熟，但机械传动效率不高。而电动轮驱动以轮毂电机为代表，舍弃了复杂的传动装置，传动效率大大提高，但是这种布置形式使电机散热困难，控制复杂程度大大增加，相关技术有待进一步深入研究。

电机控制技术的优劣不仅关系整车动力性能的发挥，还影响车辆行驶的安全性、可靠性、经济性等。应用于电动汽车驱动电机的控制方式主要有矢量控制、直接转矩控制及变频调速控制。随着控制理论及控制技术的不断发展，又提出了自适应控制、滑模变结构控制、PID 控制、模糊神经网络控制等智能控制方法以优化电机驱动性能，使系统综合性能得到了极大改善。电机基本性能比较见表 3-2。

表 3-2　电机基本性能比较

性能	直流电机	感应电机	永磁同步电机	开关磁阻电机
峰值效率/%	85～89	90～95	95～97	<90
负荷效率/%	80～87	90～92	85～97	78～86
转速范围/(10^3 r/min)	4～8	12～15	4～10	>15
操控性能	最好	好	好	好

3.4.3　整车技术

电动汽车是高科技综合性产品，除电池、电机外，车体本身也包含很多高新技术，有些节能措施比提高电池储能能力还易于实现。电动汽车需要全新车身结构，而绝不仅仅是由电动驱动系统代替内燃机。汽车的电动化要求对整个车身进行大范围的改进，因为电动驱动组件对结构空间有全新的要求。

对于电动汽车而言,轻质结构设计意义重大。因为除电池电量外,汽车质量也是行驶距离的一个限制性因素。车辆越轻,允许装备的电池就越多,行驶距离便越远。除可增加行驶距离外,车辆质量较轻时,车辆的性能提升明显。因为较轻的车辆加速更快,弯道行驶更敏捷,制动时间也更短。例如,宝马电动汽车车身部分几乎都是由碳纤维材料制成的,只有承担碰撞吸能和承载动力系统的底部结构才使用铝合金材料。碳纤维比铝轻30%,比钢轻50%,这样的车身结构不仅强度高,更重要的是车身自重可以减轻许多。

另外,电动汽车整车控制器(vehicle control unit,VCU)对汽车正常行驶的安全性、再生制动、网络管理、故障诊断与处理、车辆的状态监测等功能起着关键的作用。整车控制流程图见图3-27。

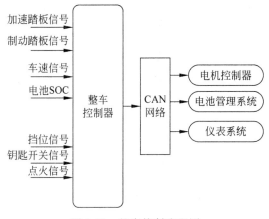

图 3-27　整车控制流程图

CAN网络与各子系统控制器进行通信采集数据,通过整车控制器的控制策略分析运算,协调各个子系统安全高效地完成工作,起到一个数据交换中心和调度协调的作用。目前国内关于电动汽车整车控制器的研究大部分集中在控制策略的实现和验证、再生制动建模与仿真方面。电动汽车的再生制动是在减速滑行或制动过程中实现的能量回收,其本质是电机转子的转动频率超过电机的电源频率,电机工作于发电状态,从而将机械能转化为电能并通过逆变器的反向续流二极管给电池充电。电动汽车再生制动时,VCU通过控制算法合理调整能量回收比例。在制动强度不高时,以再生制动为主;但是在制动强度比较高或者电池SOC超过某一限值时,基于行车安全和电池寿命的考量,就需要合理分配再生制动和机械制动的比例。

3.4.4　能源管理技术

电动汽车性能的优劣,不仅取决于动力电池的各项性能指标,还与其配套的能量管理系统密切相关。在满足车辆动力性的前提下,应尽可能提高能源利用效率,延长续航里程,因此优化整车能量配比是关键之一。动力电池的荷电状态(SOC)与其放电能力密切相关。当SOC过低时,动力电池能产生的功率太小,驱动电机不能达到控制要求;当SOC过高时,再生制动时过充会对动力电池造成损伤,影响其性能和使用寿命。所以优化能量管理技术的前提是精确预测动力电池的SOC。能量管理系统还要实时监测动力电池的运行状态,对电池组进行热平衡管理和均衡管理。故障发生时按照预设程序进行分级,及时有效按照不同的控制策略对这些故障进行正确处理。良好的控制策略可以极大地保证行车安全。例如,特斯拉电动汽车的电池管理技术采用分层管理的办法,在每个电池单元、电池砖、电池片的两端均设有保险丝,以避免故障的扩大;在电池片、电池包及整车层次上均设有相应的电池状态监测装置,以确保动力电池的安全。

高压安全技术同样是能量管理技术研究的热点。电动汽车上高达300V以上的电压对其使用人员的安全造成很大的隐患。针对高压电的防护,需要精确监测所有高压系统的运行状态,设计合理的高压控制电路对其有效控制,并实时与整车控制器进行通信。根据整车结构和电路布局,设计合理的高压控制系统,对电动汽车的正常行驶和人员安全同样具有重要意义。

第 **4** 章　纯电动汽车

纯电动汽车是指以车载电源为动力,用电机驱动车轮行驶,符合道路交通、安全法规各项要求的车辆。

4.1　纯电动汽车的特点

1. 纯电动汽车的优点

(1) 零排放。纯电动汽车使用电能,在行驶中无废气排出,不污染环境。

(2) 能源利用率高。有研究表明,同样的原油经过粗炼,送至电厂发电,经充电机充入电池,再由电池驱动汽车,其能量利用效率比经过精炼变为汽油,再经汽油机驱动汽车的要高。

(3) 结构简单。因使用单一的电能源,纯电动汽车省去了油箱、发动机、变速器、冷却系统和排气系统,相比传统汽车的内燃汽油发动机动力系统,结构大为简化。

(4) 噪声小。纯电动汽车在行驶过程中的振动及噪声较小,车厢内外十分安静。

(5) 原料来源广。电力可以从多种一次能源获得,如煤、核能、水力等,解除了人们对石油资源日渐枯竭的担心。

(6) 移峰填谷。对于发电企业和电力公司来说,电动汽车的电池可在夜间利用电网的廉价"谷电"进行充电,可以平抑电网的峰谷差,使发电设备日夜都能充分利用,从而大大提高经济效益。

2. 纯电动汽车的缺点

(1) 每次充电所能行驶的里程短。装载与汽油质量相同的铅酸蓄电池的纯电动汽车,其续航里程仅为燃油汽车的 1/70。

(2) 成本高。蓄电池及电机控制器价格昂贵是纯电动汽车成本高的主要原因。

(3) 充电时间长。一次充电完成需要 6~10h。虽然有快速充电设备,采用大电流充电,一般也需要 10~20min 充到电量的 70% 左右,但快速充电有损电池的使用寿命。

(4) 维护费用较高。纯电动汽车的维修保养成本较高。

(5) 蓄电池寿命短。目前电池技术有待革新,动力蓄电池的寿命短,几年就得更换。

●4.2　纯电动汽车的结构及原理

　　纯电动汽车主要由电机驱动控制系统、汽车底盘、车身以及各种辅助装置等部分组成。除了电机驱动控制系统,其他部分的功能及其结构组成基本与传统汽车相同,不过有些部件根据所选的驱动方式不同,已被简化或省去了。因此,电机驱动控制系统既决定了整个纯电动汽车的结构组成及其性能特征,又是纯电动汽车的核心,它相当于传统汽车中的发动机与其他功能以机电一体化方式结合在一起,这也是纯电动汽车区别于传统内燃机汽车的最大不同点。

4.2.1　电机驱动控制系统

　　电机驱动控制系统的组成与工作原理如图4-1所示,按工作原理可划分为车载电源模块、电机驱动主模块和辅助模块三大部分。

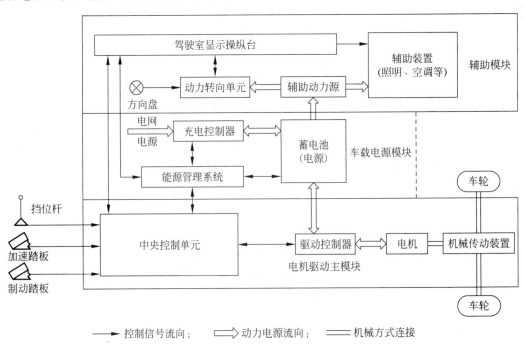

图 4-1　电机驱动控制系统组成与工作原理图

1. 车载电源模块

车载电源模块主要由蓄电池(电源)、能源管理系统和充电控制器三部分组成。

1) 蓄电池(电源)

蓄电池是纯电动汽车的唯一能源,它除了供给汽车驱动行驶所需的电能外,也是供应汽车上各种辅助装置的工作电源。蓄电池在车上安装前需要通过串/并联的方式组合成所要求的电压,一般为12V或24V的低压电源。而电机驱动一般要求为高压电源,并且依所采用的电机类型不同,其要求的电压等级也不同。为满足该要求,可以用多个 12V 或 24V 的蓄电池串联成 96～384V 高压直流电池组,再通过 DC/DC 转换器供给所需的不同电压。也可按所需要的电压等级,直接由蓄电池组合成不同电压等级的电池组,不过这样会给充电和能源管理带来相应的麻烦。另外,由于制造工艺等因素,即使同一批次的蓄电池,其电解液浓度和性能也会有所差异,所以在安装电池组之前,要求对各个蓄电池进行认真的检测并记录,尽可能把性能接近的蓄电池组合成一组,这样有利于动力电池组性能的稳定和使用寿命的延长。图 4-2 所示为特斯拉以三元锂电池为动力电池的车载电源。

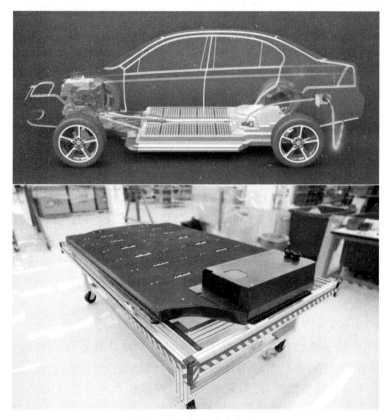

图 4-2　特斯拉动力电池

2) 能源管理系统

能源管理系统的主要功能是在汽车行驶中进行能源分配,协调各功能部分工作的能量管理,使有限的能源最大限度地得到利用。能源管理系统与电力驱动主模块的中央控制单元配合一起控制发电回馈,使在纯电动汽车降速制动和下坡滑行时进行能量回收,从而有效地利用能源,提高纯电动汽车的续航能力。能源管理系统还需与充电控制器一同控制充电。为提高蓄电池性能的稳定性和延长使用寿命,需要实时监控电源的使用情况,对蓄电池的温度、电解液浓度、蓄电池内阻、电池端电压、当前电池剩余电量、放电时间、放电电流或放电深度等蓄电池状态参数进行检测,并按蓄电池对环境温度的要求进行调温控制,通过限流控制避免蓄电池过充、放电,对有关参数进行显示和报警。其信号流向辅助模块的驾驶室显示操纵台,以便驾驶员随时掌握并配合其操作,按需要及时对蓄电池充电并进行维护保养。

3）充电控制器

充电控制器是把电网供电制式转换为对蓄电池充电要求的制式，即把交流电转换为相应电压的直流电，并按要求控制其充电电流。充电机开始时为恒流充电阶段；当电池电压上升到一定值时，充电机进入恒压充电阶段，输出电压维持在相应值，充电机进入恒压充电阶段后，电流逐渐减小；当充电电流减小到一定值时，充电机进入涓流充电阶段。还有的采用脉冲式电流进行快速充电。

2. 电机驱动主模块

电机驱动主模块主要由中央控制单元、驱动控制器、电机、机械传动装置组成。为适应驾驶员的传统操纵习惯，纯电动汽车仍保留了加速踏板、制动踏板及有关操纵手柄或按钮等。不过在纯电动汽车上是将加速踏板、制动踏板的机械位移量转换为相应的电信号，输入到中央控制单元来对汽车的行驶实行控制。对于离合器，除了传统的驱动模式采用外，其他的驱动结构就都省去了。而对于挡位变速杆，为遵循驾驶员的传统习惯，一般仍需保留，有前进、空挡、倒退三个挡位，并以开关信号传输到中央控制单元来对汽车进行前进、停车、倒车控制。

1）中央控制单元

中央控制单元不仅是电机驱动主模块的控制中心，也要对整辆纯电动汽车的控制起到协调作用。它根据加速踏板与制动踏板的输入信号，向驱动控制器发出相应的控制指令，对电机进行起动、加速、降速、制动控制。在纯电动汽车降速和下坡滑行时，中央控制器配合车载电源模块的能源管理系统进行发电回馈，使蓄电池反向充电。对于与汽车行驶状况有关的速度、功率、电压、电流及有关故障诊断等信息还需传输到辅助模块的驾驶室显示操纵台进行相应的数字或模拟显示，也可采用液晶屏幕显示来提高其信息量。另外，如驱动采用轮毂电机分散驱动方式，当汽车转弯时，中央控制器也需与辅助模块的动力硬件连线，提高可靠性。现代汽车控制系统已较多地采用了计算机多中央处理器(central processing unit，CPU)总线控制方式，特别是对于采用轮毂电机进行四轮驱动系统(4-wheel drive system，4WD)前后四轮驱动控制的模式，更需要运用总线控制技术来简化纯电动汽车内部线路的布局，提高其可靠性，也便于故障诊断和维修，并且采用该模块化结构，一旦技术成熟其成本也将随批量的增加而大幅下降。

2）驱动控制器

驱动控制器的功能是按中央控制单元的指令、电机的速度和电流反馈信号，对电机的速度、驱动转矩和旋转方向进行控制。驱动控制器与电机必须配套使用。目前对电机的调速主要采用调压、调频等方式，这主要取决于所选用的驱动电机类型。由于蓄电池以直流电方式供电，所以对直流电机主要是通过 DC/DC 转换器进行调压调速控制的；而对于交流电机需通过 DC/AC 转换器进行调频调压矢量控制；对于磁阻电机是通过控制其脉冲频率来进行调速的。当汽车进行倒车行驶时，需通过驱动控制器使电机反转来驱动车轮反向行驶。当纯电动汽车处于降速和下坡滑行时，驱动控制器使电机运行于发电状态，电机利用其惯性发电，将电能通过驱动控制器回馈给蓄电池，因此图 4-1 中驱动控制器与蓄电池(电源)的电能流向是双向的。

3）电机

电机在纯电动汽车中承担着驱动和发电的双重功能,即在正常行驶时发挥其主要的电机功能,将电能转化为机械旋转能;而在降速和下坡滑行时又被要求进行发电,将车轮的惯性动能转换为电能。图 4-3 所示为特斯拉电机。对电机的选型一定要根据其负载特性选择。通过对汽车行驶时的特性分析可知,汽车在起步和上坡时要求有较大的起动转矩和一定的短时过载能力,并有较宽的调速范围和理想的调速特性,即在起动低速时为恒转矩输出,在高速时为恒功率输出。电机与驱动控制器所组成的驱动系统是纯电动汽车中最为关键的部件。纯电动汽车的运行性能主要取决于驱动系统的类型和性能,它直接影响着车辆的各项性能指标,如车辆在各工况下的行驶速度、加速与爬坡性能以及能源转换效率等。

图 4-3　特斯拉电机

4）机械传动装置

纯电动汽车机械传动装置的作用是将电机的驱动转矩传输给汽车的驱动轮。

3. 辅助模块

辅助模块包括辅助动力源、动力转向单元、驾驶室显示操纵台和各种辅助装置等。各个装置的功能与传统汽车上的基本相同,其结构原理依纯电动汽车的特点和需求有所区别。

1）辅助动力源

辅助动力源是供给纯电动汽车其他各种辅助装置所需的动力电源,一般为 12V 或 24V 的直流低压电源,它主要给动力转向、制动力调节控制、照明、空调、电动窗门等各种辅助装置提供所需的能源。

2）动力转向单元

转向装置是为实现汽车的转弯而设置的,它由方向盘、转向器、转向机构与转向轮等组成。作用在方向盘上的控制力,通过转向器和转向机构使转向轮偏转一定的角度,实现汽车的转向。为提高驾驶员的操控性,现代汽车都采用了动力转向,较理想的是采用电子控制动力转向系统(automobile electrical power steering system,EPS)。电子控制动力转向系统主要有电控液力转向系统和电控电动转向系统两类,纯电动汽车较适于选用电控电动转向系统。多数汽车为前轮转向,而工业用电动叉车常采用后轮转向。为提高汽车转向时的操纵稳定性和机动性,较理想的是采用四轮转向系统,而对于采用轮毂电机分散驱动的纯电动汽车,由于电机控制响应速度的提高,可更容易地实现四轮电子差速转向控制。另外,为配合转弯时左右两侧车轮有相应的差速要求,还需同时控制电子差速器协调工作。

3）驾驶室显示操纵台

纯电动汽车的驾驶室显示操纵台类同于传统汽车驾驶室的仪表盘（见图4-4）,不过其功能根据纯电动汽车驱动的控制特点有所增减,信息指示也更多地选用数字或液晶屏幕显示。它与前述电力驱动主模块中的中央控制单元结合,用计算机进行控制。万向电动汽车有限公司已为此研发了纯电动汽车专用的数字化电控系统,它是以控制器局域网（controller area network,CAN）总线、嵌入式技术为核心的数字化整车电控系统,全球定位系统（global positioning system,GPS）/通用分组无线服务技术（general packet radio service,GPRS）集成到车载信息系统,提升了纯电动汽车的档次,符合环保时尚的消费理念。

图4-4　特斯拉驾驶室显示操纵台

4）辅助装置

纯电动汽车的辅助装置主要包括照明、各种声光信号装置、车载音响设备、空调、刮水器、风窗除霜清洗器、电动门窗、电控玻璃升降器、电控后视镜调节器、电动座椅调节器、车身安全防护装置控制器等。它们主要是为提高汽车的操控性、舒适性、安全性而设置的,有些是必需的,有些是可选的。图4-5所示为特斯拉车内空间及座椅。与传统汽车一样,大都有成熟的专用配件供应。不过选用时应考虑到纯电动汽车能源不富裕的特点,特别是空调所消耗的能量比较大,应尽可能从节能方面考虑。另外,对于有些装置可用液压或电动两种方式来控制的,一般选用电动控制的较为方便。

图 4-5　特斯拉车内空间及座椅

4.2.2　汽车底盘

汽车底盘是整个汽车的基体,不仅起着支承蓄电池、电机、驱动控制器、汽车车身、空调及各种辅助装置的作用,同时也将电机的动力进行传递和分配,并按驾驶员的意图(加速、减速、转向、制动等)行驶。按传统汽车的归类或叙述习惯,汽车底盘应包括传动系统、行驶系统、转向系统和制动系统四大系统。图 4-6 所示为特斯拉的汽车底盘。

对于纯电动汽车,其传动系统根据所选驱动方式不同,不少部件被简化或干脆省掉。常见的几种传动系统布置方式见图 4-7。

行驶系统包括车桥、车架、悬架、车轮与轮胎。对于采用轮毂电机驱动的电动汽车,其车桥也可省去。车架是整个汽车的装配基体,其作用主要是支承连接汽车的各零部件,承受来自车内和车外的各种载荷。悬架是车架(或车身)与车轮(或车桥)之间的一切传力连接装置的总称,主要由弹性元件、减振器和导向机构等组成。它与充气轮胎一起缓和不平路面对车辆的冲击振

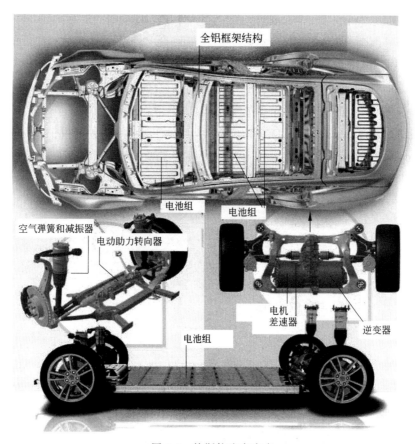

全铝框架结构

电池组　　电池组

空气弹簧和减振器

电动助力转向器

电机差速器

逆变器

电池组

图 4-6　特斯拉汽车底盘

动。车轮主要由轮辋、轮辐等组成,其内部还需安装制动器,并还可能需要安装轮毂电机,结构较紧凑。为减小纯电动汽车行驶时的滚动阻力,轮胎采用子午线轮胎为好。

转向系统包括转向操纵机构、转向器、转向传动机构等,它按能源的不同分为机械转向系统和动力转向系统两大类。其中,机械转向系统与传统汽车的完全一致。

制动系统由供能装置、控制装置、传动装置、制动器四个基本部分组成,按其功用不同分为行车制动系统、驻车制动系统、应急制动系统和辅助制动系统等。对于纯电动汽车,由于可利用电机实现再生制动进行能量回收,并且还可利用电磁吸力实现电磁制动,因此随着技术的发展,其制动系统也将会有较大的变化。

4.2.3　车身及辅助装置

汽车车身主要由车身本体、开启件(各种门、窗、行李厢和车顶盖等)、各种座椅、内外饰附件和安全保护装置(保险杠、安全带、安全气囊等)组成。针对纯电动汽车能源少的特点,对汽车车身的外形造型应尽可能缩小其迎风面积来降低空气阻力,并采用轻型高强度材料来减轻汽车自身的质量。对车内各个部件的布局也相当重要,由于纯电动汽车动能的传递主要是通过柔性的电缆,即减少了大量用刚性的机械件连接部件的动能传递,因此纯电动汽车各部件的布置具有较大的灵活性,并且蓄电池组也可分散布置,作为配重物来布局。纯电动汽车各个部件的总体布局的原则是:符合车辆动力学对汽车重心位置的要求,并尽可能

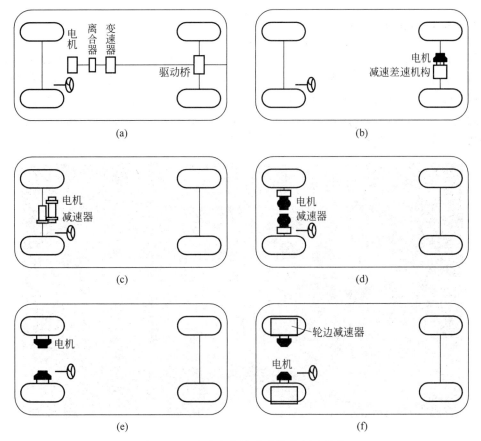

图 4-7 纯电动汽车传动系统的布置形式

（a）电机轴与驱动轴相互垂直；（b）整体驱动桥式；（c）电机轴与驱动轴相互平行；

（d）双电机整体驱动桥式；（e）直流驱动式电机；（f）带轮边减速器电机

降低车辆质心高度。特别是对于采用轮毂电机驱动实现"零传动"方式的纯电动汽车,不仅去掉了发电机、冷却水系统、排气消声系统和油箱等相应的辅助装置,还省去了变速箱、驱动桥及所有传动链,既减轻了汽车自重,又留出了许多空间,其结构可以说发生了脱胎换骨的变化,车辆的整个结构布局需全面考虑各种因素重新设计。

另外,由于增加了许多蓄电池的质量,对于安装蓄电池部位的车架强度必须有所考虑。同时为了方便蓄电池的充电、维护、更换,蓄电池的安装方法和位置也要考虑其方便性。对环境温度有要求的蓄电池还需考虑散热空间及调温控制,为确保安全还需采取密封等预防措施,以防车辆发生撞击事故时,电解液泄漏伤及人身安全,并应有防火等措施。

4.3 纯电动汽车的车型实例

纯电动车在 2012 年与 2013 年全球市场增长相对缓慢,进入 2014 年后实现了高速增长,全年销量达 30 万辆。中国的电动车市场随着政策的扶持及消费者的逐渐认可,电动车销量增长很快,2015 年中国纯电动汽车销量总计 113178 辆。下面介绍几款比较典型的纯电动汽车。

1. 特斯拉 Model 3

特斯拉汽车公司是一家成立于 2003 年的生产和销售电动汽车以及零件的公司,总部设在美国加利福尼亚州的硅谷地带。特斯拉 Model 3(外形见图 4-8)是其位于上海的"3 号超级工厂"(Gigafactory 3)生产的,该工厂耗资 20 亿美元,是特斯拉汽车公司在中国建造的第一家制造工厂,也是中国首家由外国汽车制造商全资拥有的电动汽车工厂,同时也是该公司在全球建设的第三家超级工厂。

图 4-8　特斯拉 Model 3

特斯拉 Model 3 有双电机全时四轮驱动版(图 4-9)和单电机后驱版(图 4-10)。双电机全时四轮驱动版的 Model 3 续航里程为 310 英里(498km),0～60 英里(0～96.5km)/h 加速时间为 4.5s,最高车速为 140 英里(225km)/h,单电机后驱版本的官方 0～60 英里(0～96.5km)/h 加速时间为 5.1s。Model 3 双电机四驱版的最高时速和续航里程与 Model 3 单电机版相同。特斯拉的电机驱动系统见图 4-11;悬架和驱动系统见图 4-12。

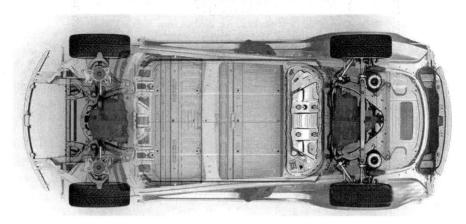

图 4-9　特斯拉双电机全时四驱版

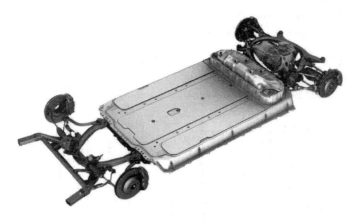

图 4-10 特斯拉单电机后驱版

特斯拉 Model 3 车型已改用永磁同步交流（PMAC）电机——交流 3 相 PM 电机，192kW。基本型号的电机与长行驶里程型号的电机可能大小不同。

特斯拉 Model 3 选择永磁电机，是为了提升车辆的性能及能效，以便更好地解决成本和续航里程等难题。

图 4-11 特斯拉电机驱动系统

图 4-12 特斯拉 Model 3 悬架和驱动系统

特斯拉 Model 3 采用 21700 新型电池,21700 新型电池的规格为直径 21mm、长度 70mm,就理论上限方面要比 18650 型(直径 18mm、长度 65mm)更优,为此,21700 锂电池率先被使用到 Model 3 中(图 4-13、图 4-14)。该电池由位于美国的"超级电池工厂"生产。

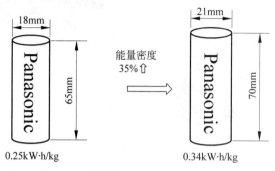

图 4-13　特斯拉 21700 电池的能量密度

图 4-14　特斯拉 Model 3 的 21700 新型电池

21700 电池的能量密度要优于 18650 电池。从特斯拉披露的信息看,在现有条件下,其生产的 21700 电池系统的能量密度在 300W·h/kg 左右,比其原来 18650 电池系统的 250W·h/kg 约提高 20%。

根据特斯拉披露的电池价格信息,预计 21700 的动力锂电池系统售价为 170 美元/(kW·h),相比 18650 的售价 185 美元/(kW·h),价格下降幅度可达 8.1% 左右。18650 系统的成本约为 171 美元/(kW·h),改用 21700 电池后,系统成本约能实现 9% 的降幅,达到 155 美元/(kW·h)。采用新型 21700 电池之后,系统相比目前的电池能减少了 10% 的组件和质量,从而进一步降低电池包(图 4-15)的质量,整车的能量密度将得到部分提升。

Model 3 的电池组电压为 350V,容量为 230A·h,达到 80.5kW·h。Model 3 电池组一共有 4 个配置,分别是 50、65、80、P80D,数字相对应的是装载电池的总容量。电池容量分别对应不同的续航里程(EPA 测试):357km、454km、550km 和 539km。

2. 比亚迪·唐 EV600

比亚迪·唐 EV600(外形见图 4-16)搭载了容量为 82.8kW·h 的三元锂离子电池,能量密度 161W·h/kg,综合工况下纯电续航里程 500km。唐 EV600 采用独立的电池智能温控系统,确保动力电池在复杂的温度环境之下可以获得稳定可靠的性能,并延长电池寿命。该系统通过液体介质保温和降温,最大限度提升了温控效率,并保证电池温控效果的均一性。

图 4-15　特斯拉 Model 3 的电池包

图 4-16　比亚迪·唐 EV600

　　唐 EV600 搭载了前后双电机,电机最大功率 180kW,最大扭矩 330N·m,0～100km/h 加速时间 4.6s(图 4-17)。与唐 DM 上的后轴电机相比,最大扭矩有所减少,但电机最大转速提高,电机最大转速为 15000r/min,可让汽车在高速时降低能耗。在电机电控方面,IGBT 芯片负责传输电流、控制电能,这是影响纯电动汽车性能的关键技术,成本占整车成本 5% 左右。比亚迪是目前唯一掌握此项自主知识产权的中国车企。唐 EV600 正是因为搭载了比亚迪自主研发的 IGBT 芯片,其电机的电能转换效率更佳、性能表现更佳。

图 4-17　比亚迪·唐 EV600 透视图

3. 北汽新能源 EU5

北汽新能源 EU5(外形见图 4-18)是北汽新能源旗下首款搭载了达尔文系统(Darwin system)的人工智能纯电动汽车,于 2018 年亮相北京车展。达尔文系统是北汽新能源融合人工智能、深度学习等先进技术,自主开发的具有自学习、自成长能力的整车人工智能系统。通过与百度、博世、哈曼等国际公司深度合作,达尔文系统实现了包括 ADAS 智能辅助驾驶、L3 级自动驾驶、智能座舱监测、代客泊车等在内的智能驾驶功能,为用户带来解放双手、双脚、双眼的驾乘体验。

图 4-18　北汽新能源 EU5

EU5 搭载一台最大功率为 160kW 的永磁同步电机,最大扭矩为 300N·m,最高车速达 155km/h。EU5 搭载的动力电池为三元锂离子电池,其中 R500 版本续航里程为 416km,等速续航里程超过 450km;R550 版本续航里程为 520km,等速续航里程超过 570km。北汽新能源 EU5 采用全天候电池技术,使用电芯内部加热原理,可实现在极短时间内提升电池温度,其加热速率可达到 10℃/min,是传统加热方式的 20 倍(图 4-19)。在 -30℃ 的极寒环境中,电池加热时间将由 80min 缩短至 6min 以内。

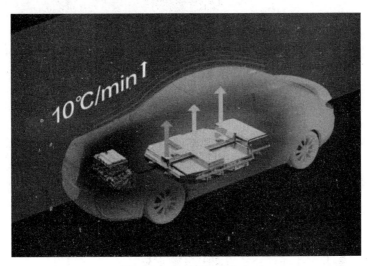

图 4-19　全天候电池技术

充电时间方面,EU5 采用大功率充电系统(图 4-20),通过提升电压与应用水冷系统,将充电电流提升至 500A,充电功率超过 300kW,可在 350kW 输出功率充电桩实现充电 15min,行驶 450km;快充 30min 可快速充电从 30%～80%;慢充 9h,R500 版本可充满电,R550 版本需要 10h。

图 4-20　大功率充电系统

4. 奇瑞 EQ

奇瑞 EQ 电动车(外形见图 4-21)是奇瑞公司于 2014 年推出上市的一款纯电动汽车。奇瑞 EQ 基于奇瑞 QQ 车型打造,因此整体而言较多地保留了 QQ 的设计元素,当然为了突出新能源车型的特色,在 EQ 的身上,特意增加了蓝色的色彩装饰。

图 4-21　奇瑞 EQ

在动力方面,奇瑞 EQ 搭载的是一台最大功率为 42kW 的永磁同步电机,最大扭矩为 150N·m,与之配备的则是单一速比直驱无级变速系统。

奇瑞 EQ 采用三元锂电池,容量为 22.4kW·h。相比磷酸铁锂电池,三元锂电池的能量密度要高出很多。整个电池组模块被安置在车底,采用了高强度一体化设计,并配备了 32 位电池管理系统和高压安全控制系统,同时系统防护等级达到了 IP67 级别,可以很好地应对日常涉水行驶等情况。

充电方式有三种,分别为家用、慢充和快充。其中家用 220 V 电充满需要 8～10h。EQ 的快充接口与大多数车型并不相同,需要打开前发动机舱盖,若遇下雨等不良天气,确实有一定的不便。满电状态下的奇瑞 EQ 续航里程可达 200km 以上,等速情况下甚至可以达到 250km。

5. 吉利帝豪 EV500

吉利帝豪 EV500(外形见图 4-22)是吉利汽车旗下一款纯电动汽车,是吉利帝豪 EV450 的小改款车型,于 2019 年 8 月上市。

图 4-22　吉利帝豪 EV500

EV500 共推出三款配置,搭载宁德时代三元锂离子电池,电池容量分别为 51.9kW·h (两款车型)和 61.9kW·h,最大续航里程为 400km 和 500km。电池管理系统采用了

2.0 版本的 ITCS 电池智能温控管理系统(图 4-23),采用全新的液冷技术保证电池包在 －20～50℃可以正常工作。

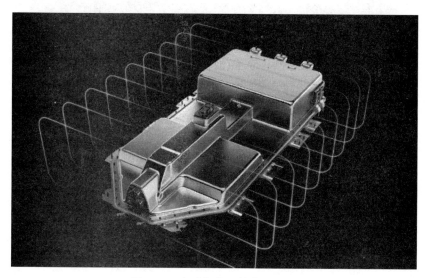

图 4-23　电池智能温控管理系统

动力部分,吉利帝豪 EV500 配备的是一台永磁同步电机,其最大功率为 163hp,峰值扭矩为 250N·m。

充电方面,帝豪 EV500 的快慢充均为国标插口,能够兼容公共设施的快慢充电桩;根据不同充电模式,充电时间在 0.75～30h(图 4-24)。其中 60kW 充电桩,从 30％～80％电量,充电时间仅需 30min。

图 4-24　吉利帝豪 EV500 充电口

6. 长安逸动 EV

长安逸动 EV(外形见图 4-25)汽车是长安汽车有限公司 2015 年推出的一款逸动纯电动汽车。

图 4-25　长安逸动 EV

逸动 EV 的电机最大功率为 90kW,最大扭矩为 280N·m,电池组配备的是 80A·h 的三元锂离子电池,能量密度高达 160W·h/kg。除此之外,该车还配备了 CRBS 制动能量回收系统,整车最大续航里程 200km,最高时速 140km/h。

7. 蔚来 ES8

蔚来是一家全球化的智能电动汽车公司,蔚来 ES8(外形见图 4-26)是其旗下的一款大型豪华 SUV 纯电动汽车。

图 4-26　蔚来 ES8

蔚来 ES8 采用的是容量为 70kW·h 的液冷恒温电池组(图 4-27),可提供 355km 的续航里程以及 500km 的 60km/h 等速续航里程。

图 4-27　蔚来 ES8 电池组

液冷恒温技术是蔚来 BMS 电池管理系统的一大技术亮点,它不但能帮助电池散热,同时也可以在寒冷地区让电池保温。蔚来将铝制液冷板(见图 4-28)铺于电池模组下,在模组与液冷板之间加入一层导热垫,并在液冷板与壳体底部之间再铺设有隔热和绝缘材料,确保电池系统的恒温和安全。工作时,电芯的温度传递到模组与冷板接触的底部,再通过导热垫传给液冷板,液冷板外壁再把热量传导到冷却液,从而达到降温目的。加热过程则与之相反。

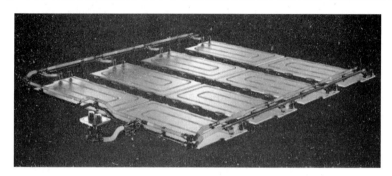

图 4-28　蔚来 ES8 铝制液冷板

蔚来 ES8 用的是双电机四驱,电机类型为感应式异步电机,电机功率密度 2.89kW/kg,搭载了英飞凌的电控模块(见图 4-29)。每个电机的最大功率是 240kW,整车最大功率 650hp,最大扭矩 840N·m,百公里时速加速时间 4.4s。

图 4-29　蔚来 ES8 驱动系统

蔚来 ES8 的驱动模块结构简单（见图 4-30），即"逆变器—电机—减速器"，这也是百公里加速 4.4s 的根源。

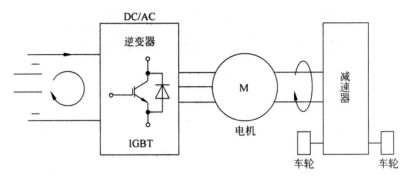

图 4-30   蔚来 ES8 的驱动模块结构原理图

第 **5** 章　混合动力电动汽车

　　纯电动汽车其实也存在实用性的问题,这也造成了电动汽车无法大规模应用的局面。而随着环境保护法规的收紧,普通汽车的发动机油耗、排放面临巨大压力。因此,厂家采取混合动力技术,通过加入电机的方法,降低发动机在起动、低速以及加速阶段的油耗和排放,让发动机一直在最高效区域工作。因此混合动力电动汽车成为目前最具节能潜力和市场前景的车型之一。

　　本章将介绍混合动力电动汽车的定义、分类、结构及工作原理,并列举目前国内获得市场认可的部分混合动力电动汽车车型。

● 5.1　混合动力电动汽车的定义与分类

5.1.1　混合动力电动汽车的定义

　　混合动力汽车,简单地说,就是由发动机或电机驱动的车辆,因此它免不了需要加油,它通常能够行驶在纯电动模式、纯油模式以及油电混合模式下,可以通俗地理解为如图 5-1 所示的双人自行车。

图 5-1　"混合动力"的自行车

　　所谓混合动力汽车(hybrid electrical vehicle,HEV)是指同时装备两种动力来源——热动力源(由传统的汽油机或者柴油机产生)与电动力源(电池与电机)的汽车。这两种动力源在汽车不同的行驶状态(如起步、低中速、匀速、加速、高速、减速或者刹车等)下分别工作,或者一起工作,通过这种组合达到最少的燃油消耗和尾气排放,从而实现省油和环保的目的。

　　从广义上来讲,混合动力电动汽车指的是装备有两种具有不同特点驱动装置的车辆。这两个驱动装置中有一个是车辆的主要动力来源,它能够提供稳定的动力输出,满足汽车稳定行驶的动力需求。内燃机在汽车上的成功应用,使之成为汽车首选的驱动装置;另外还有一个辅助驱动装置,它具有良好的变工况特性,能够进行功率的平衡、能量的再生与存储。目前应用最多的是电混合系统。

国际电子技术委员会对混合动力车辆的定义为:在特定的工作条件下,可以从两种或两种以上的能量存储器、能量源或能量转化器中获取驱动能量的汽车。其中至少一种存储器或转化器要安装在汽车上。混合动力电动汽车至少有一种能量存储器、能量源或能量转化器可以传递电能。串联式混合动力车辆只有一种能量转化器可以提供驱动力,并联式混合车辆则不止由一种能量转化器提供驱动力。

5.1.2　混合动力电动汽车的分类

混合动力分类的方式有很多种。这里主要介绍三种:一种是根据有无外接充电电源区分;另一种是根据结构特点区分,分为串联式混合动力(又叫增程式电动)汽车、并联式混合动力、混联式混合动力;还有一种是根据混合度的不同分类。

1. 根据是否能外接充电电源分类

1) 可外接充电型混合动力电动汽车

可外接充电型混合动力电动汽车也就是插电式混合动力(plug-in hybrid vehicle, PHV),简单说就是介于电动汽车与燃油汽车两者之间的一种车。它既有传统汽车的发动机、变速箱、传动系统、油路、油箱,又有电动车的电池、电机、控制电路,而且电池容量比较大,有充电接口。插电式混合动力电动汽车的电池容量大,可以支持行驶的里程更长。如果每次都是短途行驶,又有较好的充电条件,则可以实现不加油、当作纯电动汽车使用,具有电动汽车的各种优点。可外接充电型混合动力电动汽车的代表车型有宝马i8、比亚迪·秦、比亚迪·唐、保时捷918等。

2) 不可外接充电型混合动力电动汽车

不可外接充电型混合动力电动汽车就是非插电式混合动力电动汽车,它必须加油,通过发动机驱动发电机来给电池充电,通过发动机直接驱动车轮行驶或电机与发动机共同驱动车轮行驶。不可外接充电型混合动力电动汽车的代表车型有丰田的普锐斯(见图5-2)、CT200h、凯美瑞-尊瑞。

图5-2　丰田普锐斯

2. 根据结构特点分类

1）串联式混合动力电动汽车

又叫增程式电动汽车，只靠发电机行驶，配置的发动机输出的动力仅用于推动发电机发电，系统输出动力等于电机输出动力。该车型中最出名的是雪佛兰沃蓝达、宝马 i3 增程式。

这一类混合动力，严格来说仍然是电动汽车。车内只有一套电力驱动系统，包括电机、控制电路、电池。如图 5-3 所示，增程式插电混合动力电动汽车的电机直接驱动车轮，发动机则用于驱动发电机给电池充电。因为发动机并不直接驱动车轮，因此也不需要变速箱。这相当于在普通的电动车上装载了一台汽油/柴油发电机。

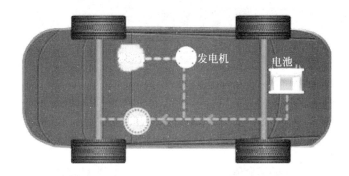

图 5-3　串联式混合动力电动汽车

串联式混合动力电动汽车（插电式混合动力电动汽车）具有如下优点：

（1）具有电动汽车的安静、起步扭矩大的优点，可以当纯电动汽车使用，在充电方便的条件下只充电、不加油，使用成本较低。

（2）相比其他混合动力模式，增程型混合动力可以不用变速箱，成本略有降低。由于带有发动机发电，只要有加油站就可以一直跑下去，在不方便充电的地方不会被迫拖车，解决基础设施不足的问题。

（3）发动机不直接驱动车轮，发动机转速和车轮转速、汽车速度没有直接关系，则可通过控制系统优化，让发动机一直工作在最佳转速，即使在充电不便时，市内堵车路况下油耗也比较低，发动机噪声也可以控制得非常小。

尽管串联式混合动力电动汽车（插电式混合动力电动汽车）有许多优点，但同样也存在一些缺点：

（1）功率浪费。由于发动机和发电机并不直接驱动车轮，造成了这部分功率的浪费，而发动机和发电机带来的能量消耗并不减少。例如，一辆增程式混合动力汽车发动机功率为 50kW，发电机功率为 50kW，电机功率为 100kW，整车携带了总功率 200kW 的发动机和电机，但是能驱动车轮的功率只有 100kW。

（2）在高速路况下，油耗反而偏高。这是因为高速路况下，如果发动机直接驱动车轮，可以一直工作在最佳工作模式，而增程式混合动力电动汽车多了一个转换过程，转换本身要消耗能量，造成油耗反而偏高。

串联式混合动力电动汽车（插电式混合动力电动汽车）的车型代表有宝马 i3（可选装增程模块）、雪佛兰沃蓝达（有隐藏的直接驱动模式）、Fisker 卡玛和奥迪 A1 e-tron（见图 5-4）。

图 5-4　奥迪 A1 e-tron

2) 并联式混合动力电动汽车

并联式混合动力车内有两套驱动系统,大多是在传统燃油汽车的基础上增加电机、电池、电控系统而成。如图 5-5 所示,电机与发动机共同驱动车轮。车内只有一台电机,驱动车轮的时候充当电机,不驱动车轮给电池充电的时候充当发电机。

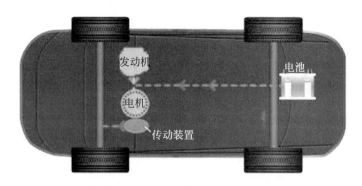

图 5-5　并联式混合动力汽车

该车型驱动以发动机为主,电机为辅,可以采用发动机单独驱动、电机单独驱动或者发动机和电机混合驱动三种工作模式。

并联式混合动力电动汽车具有如下的优点:

(1) 没有功率浪费的问题。电机、发动机共同驱动车轮,没有功率浪费的问题。例如,电机 50kW,发动机 100kW,只要传动系统能承受,整车功率就是 150kW。

(2) 同时具备电动汽车和汽油车的优点。在纯电模式下,同样有电动汽车安静、使用成本低的优点;而在混合动力模式下,有非常好的起步扭矩,加速性能出色。

(3) 与电机配套的动力电池组容量较小,使整车质量减轻。

尽管并联式混合动力电动汽车有许多优点,但同样也存在一些缺点:

(1) 在混合动力模式下,发动机不能保证一直在最佳转速下工作,油耗比较高。

(2) 需要配备与内燃机汽车相同的传动系统,总体布置基本与内燃机汽车相同,动力性能接近内燃机汽车。发动机工况会受到车辆行驶工况的影响,有害气体排放高于串联式混合动力电动汽车。

（3）需要装备离合器、变速器、传动轴和驱动桥等总成，还有电机、动力电池组和动力组合器等装置，因此动力系统结构复杂，布置和控制更困难。

并联式混合动力电动汽车的代表车型有比亚迪·秦（见图 5-6）、比亚迪·唐等。

图 5-6　比亚迪·秦

3）混联式混合动力电动汽车

如图 5-7 所示，在并联的基础上增加一个发电机就是混联式混合动力模式，但它不使用传统的变速箱，而是用一种称为 ECVT 的行星齿轮结构的耦合单元来代替。ECVT 技术一直被丰田垄断。目前也有一些厂家在混联结构中使用普通的变速箱，如双离合变速箱、无级变速箱等，但效果远不及 ECVT 结构。

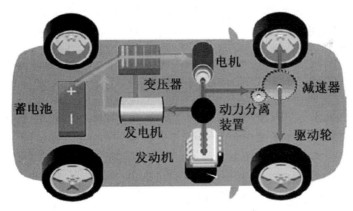

图 5-7　混联式混合动力电动汽车结构示意图

混联结构在发动机和电机协同驱动车辆行驶的同时，发动机还能带动发电机为动力电池充电，不再像并联结构中单一电机需要身兼两职，并且理论上它能够实现发动机带动发电机发电、电机驱动车辆的模式。因此，混联结构的驱动模式有纯电模式、纯油模式、混合模式、充电模式 4 种。

混联的结构优点和使用优点更加接近于并联结构车型，但混联的驱动模式更加丰富，在并联的混合驱动模式基础上加入了充电功能，这就意味着发动机和电机全力驱动车辆时也不用担心电量消耗的问题。并且得益于 ECVT 的加入，使电机和发动机的配合更加默契，能够适应的工况更多，节油效果更加出色。

由于混联结构更加复杂,故其相应车型的价格也更高。而且由于 ECVT 存在技术垄断,其他厂家无法选择。但随着丰田专利的到期,相信未来将会有更多的混联车型推出。

目前混联式混合动力电动汽车最具代表性的车型就是丰田普锐斯和保时捷 918(见图 5-8)。

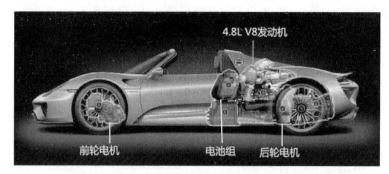

图 5-8　保时捷 918 混合动力电动跑车

3. 根据混合度分类

这种分类方法也就是常说的,根据在混合动力系统中,电机的输出功率在整个系统输出功率中占的比例的不同进行的分类。

1) 微混合动力系统

微混合动力系统在传统内燃机上的起动电机(一般为 12V)上加装了皮带驱动起动电机(belt-alternator starter generator,BSG)。该电机为发电/起动(stop-start)一体式电机,用来控制发动机的起动和停止,从而取消了发动机的怠速,降低了油耗和排放。从严格意义上来讲,这种微混合动力系统的汽车不属于真正的混合动力汽车,因为它的电机并没有为汽车行驶提供持续的动力。在微混合动力系统中,电机的电压通常有两种——12V 和 42V,其中 42V 主要用于柴油混合动力系统。

2) 轻混合动力系统

轻混合动力汽车无法单独使用电机驱动车辆。别克君越 eAssist 就是采用轻混合动力系统,使用并联式结构,为车辆提供能量回收、车辆起停等功能。

轻混合动力系统采用集成起动电机(integrated starter generator,ISG)。与微混合动力系统相比,轻混合动力系统除了能够实现用发电机控制发动机的起动和停止,还能够实现:

(1) 在减速和制动工况下,对部分能量进行吸收;

(2) 在行驶过程中,发动机等速运转,发动机产生的能量可以在车轮的驱动需求和发电机的充电需求之间进行调节。

如图 5-9 所示,微混合、轻混合动力系统的混合度一般在 20% 以下。

3) 中混合动力系统

中混合动力系统和轻混合动力系统一样,由燃油发动机提供动力,电机只起到辅助作用。但中混合动力系统在特定工况下(如低速巡航)能够单独使用电机驱动汽车。

本田的 IMA 混合动力系统就是采用并联式结构的中混合动力系统。本田旗下混合动力的 Insight、Accord 和 Civic 都属于这种系统。该混合动力系统同样采用了 ISG。

与轻混合动力系统不同,中混合动力系统采用的是高压电机。另外,中混合动力系统还增加了一个功能：在汽车处于加速或者大负荷工况时，电机能够辅助驱动车轮，补充发动机本身动力输出的不足，从而更好地提高了整车的性能。

中混合动力系统的混合程度较高，可以达到30%左右，如图5-10所示。目前此技术已经成熟，应用广泛。

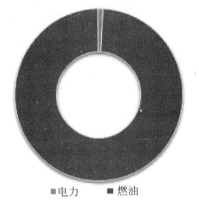

■电力 ■燃油

图 5-9 微混/轻混合动力电力/燃油所占比例

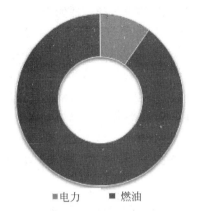

■电力 ■燃油

图 5-10 中混合动力电力/燃油所占比例

4）重混合动力系统

重混合动力系统中的发动机和电机都能单独驱动车辆。丰田的 THS 混合动力系统就是混联式结构的重混合动力系统。使用 THS 系统的第三代普锐斯 Hybrid 采用的电机最大功率达到 60kW，最大扭矩达到 207N·m，足以推动汽车进行中低速行驶。该系统采用 272～650V 的高压起动电机，混合程度更高。

与中混合动力系统相比，重混合动力系统的混合度可以达到甚至超过50%，如图5-11所示。技术的发展将使得重混合动力系统逐渐成为混合动力技术的主要发展方向。

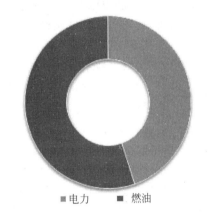

■电力 ■燃油

图 5-11 重混合动力电力/燃油所占比例

5.2 混合动力电动汽车的特点

混合动力电动汽车将发动机、电机、能量存储装置（蓄电池）等组合在一起，它们之间的良好匹配和优化控制可以充分发挥内燃机汽车和电动汽车的优点，避免各自的不足。混合动力电动汽车是当今最具实际开发意义的低排放和低油耗汽车。

较之纯电动汽车，混合动力电动汽车具有如下优点：

（1）由于有燃油发动机作为辅助动力，蓄电池的数量和质量可减少，因此汽车自身质量可以减轻。

（2）汽车的续航里程和动力性可达到内燃机的水平。

（3）借助燃油发动机的动力,可带动空调、真空助力、转向助力及其他辅助电器,不用消耗蓄电池组有限的电能,从而保证了驾车和乘坐的舒适性。

较之内燃机汽车,混合动力电动汽车具有如下优点:

（1）可使燃油发动机在最佳的工况区域稳定运行,避免或减少发动机变工况下的不良运行,使发动机的排污和油耗大为降低。

（2）在人口密集的商业区、居民区等地可用纯电动方式驱动车辆,实现零排放。

（3）可通过电机提供动力,因此可配备功率较小的发动机,并可通过电机回收汽车减速和制动时的能量,进一步降低了汽车的能量消耗和排污。

显然,混合动力电动汽车研究开发的主要目的就是要减少石油能源的消耗,减少汽车尾气中的有害气体量,降低大气污染。

5.3 混合动力电动汽车的结构与原理

5.3.1 串联式混合动力电动汽车

串联式混合动力电动汽车有时也被定义为增程式电动汽车,其功率源至少为两种不同的能量装置,比如传统的将燃料的化学能转化为机械能输出的内燃机和能存储电能的电池系统。一般而言,我们所言的串联式混合动力电动汽车是指由内燃机驱动发电机产生电能驱动电机,同时由电池系统提供部分能量。

串联是混合动力中结构最简单的,其整体结构相当于纯电动汽车加个汽油发动机,但由于取消了普通汽车的变速箱,所以结构布置更加灵活。同时,发动机总是工作在高效转区,因此在中低速行驶时,串联结构的混合动力汽车比普通汽车油耗更低,可以节油30%左右。同时,由于串联结构的驾驶模式只有电动模式,用户使用起来非常方便。

但是串联结构混合动力车型的发动机动能需要经过二次转换才能为电机供电,会造成较大的能量损失,使得高速行驶时油耗偏高。以雪佛兰沃蓝达为例,普通的1.4L汽油车型高速巡航时百公里油耗在6L左右,而沃蓝达却达到了6.4L。

1. 串联式混合动力电动汽车的结构组成

串联式混合动力电动汽车由发电机、发动机、整流器、蓄电池组、牵引电机、机械传动装置等组成。

如图5-12所示,串联式混合动力汽车的发动机和发电机之间采用机械连接,牵引电机与机械传动装置(主减速器、差速器)之间也是机械连接,燃油箱与发动机之间采用管路连接,其余部分为电缆连接。

2. 串联式混合动力电动汽车的工作原理

串联式混合动力电动汽车的发动机仅用于发电,发电机发出的电能通过电机控制器直接输送到电机,由电机产生的电磁力矩驱动汽车行驶。另外,蓄电池还可以单独向电机提供电能来驱动电动汽车,使混合动力电动汽车在零污染状态下行驶。

如图5-13所示,从燃油箱、发动机、发电机、功率转换器流出的能量是单向的,可以经电

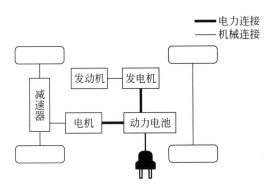

图 5-12　串联式混合动力电动汽车结构组成图

机控制器、牵引电机直到机械传动装置,提供车辆行驶所需的能量;也可以经过 DC/DC 转换器到达蓄电池组,提供维持蓄电池组 SOC 的能量。从蓄电池组、DC/DC 转换器、电机控制器、牵引电机直到机械传动装置,能量流动是双向的。根据路况及控制策略,牵引电机被控制为电机或发电机,在驱动时作为电机使用,提供整车行驶所需要的动力;在制动减速时,作为发电机使用,将整车动能的一部分转化为电能,经 DC/DC 转换器给蓄电池充电,这样,就实现了能量的双向流动。

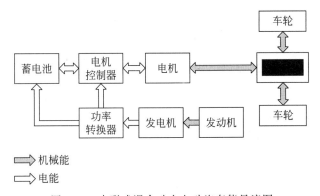

图 5-13　串联式混合动力电动汽车能量流图

串联混合动力技术,需要将机械能转化为电能(engine→generator→battery),然后再将电能转化为机械能(battery→traction),因为需要两次能量转换,所以整体的效率比较低。串联式混合动力汽车需要驱动电机(traction)代替传统的发动机(engine)达到牵引的目的,所以电池容量、发电机、驱动电机的功率都不能太小,因而串联模式大多数应用在大型客车上。

5.3.2　并联式混合动力电动汽车

并联式混合动力系统有两套驱动系统:传统的内燃机系统和电机驱动系统。两个系统既可以同时协调工作,也可以各自单独工作驱动汽车。这种系统适用于多种不同的行驶工况,尤其适用于复杂的路况。因此并联式也可以简单地理解为“普通汽车＋电机＝并联”。

1. 并联式混合动力电动汽车的结构组成

并联式混合动力系统使用电机和发动机两种动力来驱动车轮,用发动机给蓄电池充电,其基本结构是由电机、发动机、动力电池、变速器和变速器等组成,如图 5-14 所示。

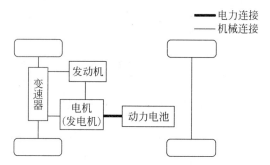

图 5-14　并联式混合动力电动汽车结构组成图

2. 并联式混合动力电动汽车的工作原理

并联式混合动力电动汽车工作流程如图 5-15 所示。

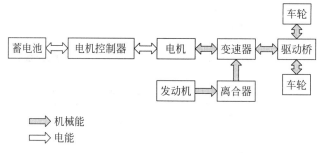

图 5-15　并联式混合动力电动汽车工作流程

并联式混合动力电动汽车有三种工作模式。

1) 纯电模式

如图 5-16 所示,在纯电模式下,发动机关闭,电池为电机供电,驱动车辆行驶。该模式多用于中低车速,也有部分车型可以实现高速巡航。

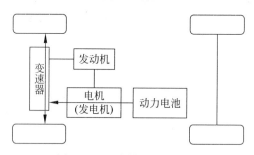

图 5-16　纯电模式工作原理

2) 纯油模式

如图 5-17 所示,在纯油模式下,发动机开启,驱动车辆行驶,此时电机能够反转发电,为动力电池进行充电。

3) 混合模式

如图 5-18 所示,在混合模式下,发动机和电机同时开启,驱动车辆行驶。该模式多用于爬坡、急加速及其他高负荷工况。

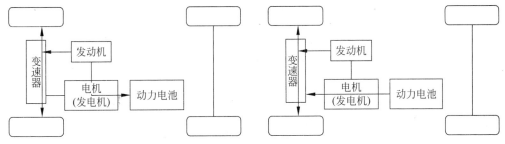

图 5-17　纯油模式工作原理　　　　　图 5-18　混合模式工作原理

与串联不同的是,并联结构中发动机和电机可以同时驱动汽车,使其动力性能更加优越。比亚迪·秦的 1.5T 发动机和电机功率相加后 300hp 有余,相当于奥迪 A6 的 3.0T 发动机,而秦仅仅是一台自主紧凑型车而已。另外,并联车型的驱动模式较多,可以适应多种工况,发动机能够在中高速运行时单独驱动汽车,无须进行能源的二次转换,因而综合油耗较低。

5.3.3　混联式混合动力电动汽车

在并联的基础上再加入一个发电机,就是混联式混合动力模式,即"普通汽车＋电机＋发电机＝混联"。混联式不具备普通车型中的变速箱,通常由 ECVT 耦合单元替代,起到连接、切换两种动力以及减速增扭的作用。

1. 混联式混合动力电动汽车的结构组成

混联式混合动力系统是串联式与并联式的综合,其基本结构由电机、发动机、发电机、动力电池和变速器等组成,如图 5-19 所示。

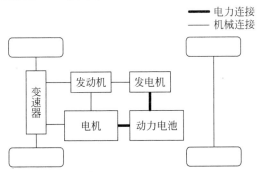

图 5-19　混联式混合动力电动汽车结构组成

2. 混联式混合动力电动汽车的工作原理

与并联式混合动力电动汽车相比,混联式在发动机和电机协同驱动汽车行驶的同时,发动机还能带动发电机为电池组充电,不再像并联结构中的电机需要身兼二职,并且理论上它能够实现发动机带动发电机发电、电机驱动汽车的模式。当然,两个动力单元也能够单独驱动车辆。

混联式混合动力电动汽车有以下 4 种工作模式。

1) 纯电模式

如图 5-20 所示,纯电模式下,发动机关闭,电池为电机供电,驱动车辆行驶。该模式多用于中低车速,也有部分车型可以实现高速巡航。

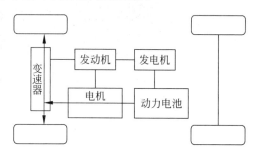

图 5-20　混联纯电模式工作原理

2) 纯油模式

如图 5-21 所示,纯油模式下,发动机开启,驱动车辆行驶,并带动发电机发电,为动力电池充电。

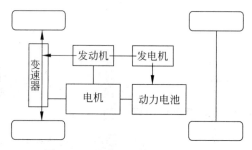

图 5-21　混联纯油模式工作原理

3) 混合模式

如图 5-22 所示,混联混合模式下,发动机、电机和发电机同时开启,一边驱动车辆行驶一边充电。该模式多用于爬坡、急加速及其他高负荷工况。

4) 充电模式

如图 5-23 所示,混联充电模式下,发动机不驱动车辆行驶,仅仅带动发电机发电,此时车辆依靠电机驱动行驶,相当于串联结构的车辆。当车速提高后,发动机开始介入,即进入混合模式。

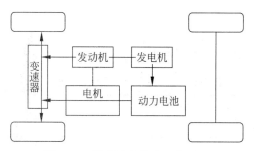

图 5-22 混联混合模式工作原理

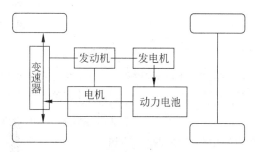

图 5-23 混联充电模式工作原理

5.3.4 三种混合动力系统的比较

1. 结构比较

三种混合动力系统的结构比较如图 5-24 所示。

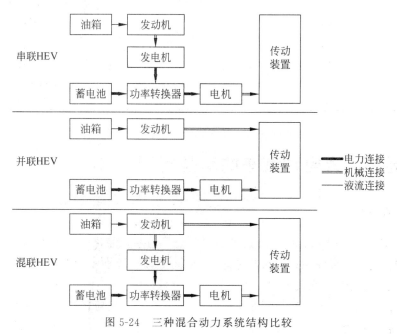

图 5-24 三种混合动力系统结构比较

2. 性能比较

三种混合动力系统的性能比较可参考表 5-1。

表 5-1　三种混合动力系统的性能比较

性　　能	串　联　式	并　联　式	混　联　式
公路行驶燃油经济性	较优	优	优
城市行驶燃油经济性	优	较优	优
无路行驶燃油经济性	较优	优	优
低排放性能	优	较优	较优
成本	低	较低	较低
复杂程度	简单	较复杂	复杂
控制简易程度	简单	较复杂	复杂
动力总成	发动机、发电机、驱动电机三大动力总成	发动机、发电机或驱动电机两大动力总成	发动机、发电机、驱动电机三大动力总成
驱动模式	电机是唯一的驱动模式	发动机驱动模式、电机驱动模式、发动机-电机混合驱动模式	发动机驱动模式、电机驱动模式、发动机-电机混合驱动模式、发电机-电机混合驱动模式
传动效率	能量转换效率较低	传动效率较高	传动效率较高
制动能量回收	能够回收制动能量	能够回收制动能量	能够回收制动能量
整车总体布置	三大动力总成之间没有机械式连接装置,结构布置的自由度较大;但三大动力总成的质量、尺寸都较大,一般在大型车辆上采用	发动机驱动系统保持机械式传动系统,发动机与电机两大动力总成之间被不同的机械装置连接起来,结构复杂,使布置受到一定的限制	三大动力总成之间采用机械装置连接,三大动力总成的质量、尺寸都较小,能够在小型车辆布置,结构更加紧凑
适用条件	适用于大型客车或货车,适应在路况较复杂的城市道路和普通公路上行驶,更加接近电动汽车性能	适用于中小型汽车,适应在城市道路和高速公路上行驶,接近普通的内燃机汽车性能	适用于各种类型的汽车,适应在各种道路上行驶,更加接近普通的内燃机汽车性能

5.4　混合动力电动汽车的车型实例

1. 丰田普锐斯

普锐斯(Prius)(外形见图 5-25)是丰田汽车公司的一款混合动力车,2006 年 1 月在中国上市,油耗低,适合城市使用;环保性能好,相比同等动力级别汽油车高不少。普锐斯目前已经发展到了第四代,下面就介绍一下第四代丰田普锐斯。

第四代普锐斯在动力上进行了很大的升级。丰田为了提高普锐斯的经济性,重新设计了发动机和混动系统。这里主要介绍第四代丰田普锐斯最核心的部分——动力系统,即汽油发动机、电机、无级变速箱、电池和动力控制单元(power control unit,PCU)。

图 5-25　丰田第四代普锐斯

1）发动机

第四代普锐斯采用的是 1.8L 的 2ZR-FXE 自然吸气四缸发动机（外形见图 5-26），压缩比为 13∶1，缸径为 80.5mm，冲程为 88.3mm，在可变进排气门正时控制之下，成为一台典型的膨胀冲程比压缩冲程长的阿特金森循环发动机。最大输出功率为 98hp，峰值扭矩为 142N·m，动力毫不起眼；但是车重较轻、配置较低的"E"版本普锐斯，日本 JC08 循环工况下达到 40km/L，也就是相当于 2.5L/100km，是很了不起的成绩。

图 5-26　丰田普锐斯发动机

实现 2.5L/100km 的秘诀在于 2ZR-FXE 高达 40% 的热效率，这比世界上任何一款量产燃油发动机都要高。目前内燃机热效率普遍在 30% 左右，柴油机热效率比汽油机稍微高一些。和一、二代普锐斯的 1NZ-FXE 及三代的 5ZR-FXE 一样，第四代的 2ZR-FXE 也逃脱不了被丰田压榨的命运——不是要压榨"动力"，而是要压榨"效率"。

2）电机

丰田第四代普锐斯采用的电机最高总输出功率为 53kW，最大扭矩为 163N·m。这一数据比第三代车型略有退步，但动力系统的损耗减少了 20%，车重也有所减轻，因此实际表现并不会比前辈弱。据丰田描述，整套混合动力控制逻辑基本上沿用了一代车型，只做了细微的调整。例如，在发动机停止工作、仅靠电机驱动行驶时，第三代车型的最高车速为70km/h，而新一代车型则可以达到110km/h。

电机的改进主要着手于两方面的工作——减小尺寸和减小损耗。丰田的目的很明确，TNGA平台下的所有新车，发动机舱必须都能塞下一套混动系统。电机的尺寸减小了，连带新的平行轴式变速箱，整个混合动力系统的体积也一并大幅度减小。

因此，定子采用了截面积为长方形、整体呈梳齿状的"分段绕组"方式。这种绕组跟普通的绕组不同，不是缠绕，而是将分段绕组插入定子，将突出的对侧拧结起来。由此，将电机的质量比原来减轻了15%以上，体积减小了大约20%。运行电压则从650V提高到850V。额定工况下，电压高，电流小，热损耗低，从而将电机的电热损耗也降低了大约20%。

3）变速箱

为了适应TNGA平台上诞生的所有新车，整套动力系统的体积一定要缩小。从紧凑的发动机、电机身上找空间，难度已经非常高；最好的办法就是从变速箱的布局入手（见图5-27），这也意味着，表现优异的E-CVT变速箱被平行轴变速箱所取代。

图 5-27　丰田普锐斯 E-CVT 变速箱

原来的动力系统，把发动机、MG1电机、行星齿轮组、MG2电机一整列"串烧"起来；而新一代的普锐斯，驱动电机的减速机构转而采用了平行轴齿轮，这就相当于MG1电机、MG2电机肩并肩横向布置。此举一石三鸟，新型驱动桥的长度为362mm，比原来的409mm缩短了47mm；零件数量也减少了大约80%；最重要的是，齿轮及接触面减少，动力系统的损耗大为降低。

4）电池和电控PCU

第四代普锐斯提高了电池的输出功率，辅助行驶时能提供更强的动力，充电时也能承受更大的电流。新车根据车型等级使用不同的电池，E、A、A Premium配备的是锂离子电池

(见图 5-28)，S 和 4 轮驱动车型配备的都是镍氢电池。锂离子电池组的质量为 24.5kg，而镍氢电池组的质量为 40.3kg。

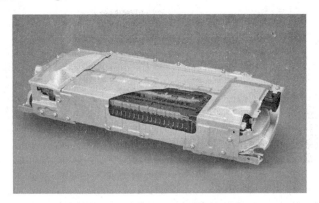

图 5-28　普锐斯锂离子动力电池

　　镍氢电池体积为 35.5L，比原来削减 10%，现在和锂离子电池一样，配备在后座下方。除了继电器、电池监控单元和线束的小型化，电池组中的空冷风扇也被安装在车身一侧，最终才腾出足够空间，把镍氢电池组从行李厢里"掏"出来。从行李厢里一起被掏出来的，还有用来控制电机工作的动力控制单元 PCU（见图 5-29）。第四代普锐斯 PCU 的体积由第三代的 12.6L 一下子削减至 8.2L，从而可以和动力系统一起集成在前轴上方，不必再占用行李厢的空间。

图 5-29　第四代丰田普锐斯 PCU

2. 丰田凯美瑞-尊瑞

　　凯美瑞-尊瑞（外形见图 5-30）是凯美瑞家族三大车系中的混合动力车型。我们可以从蓝色徽标和尾部 HSD 标识上辨认出它的混动血统，虽然车身未发生改变，心脏已经大为不同。凯美瑞-尊瑞属于强混车型，发动机与发电机采用混联方式，二者的协同效率得以提高，并可以独立运作。

图 5-30 凯美瑞-尊瑞

凯美瑞-尊瑞配备了最新研发的混合动力阿特金森循环 2.5L 4AR-FXE 发动机和新一代混合动力系统,发动机(见图 5-31(a))最大功率 118kW(5700r/min),最大扭矩 213N·m(4500r/min),电机(见图 5-31(b))的最大输出功率为 105kW,峰值扭矩为 270N·m。凯美瑞-尊瑞的燃油经济性比由汽油驱动的常规车型提高了大约 32%,综合工况油耗更是达到惊人的 5.3L/100km。同时,为了辅助驾驶员的经济驾驶,凯美瑞-尊瑞还采用了混合动力车型独有的静谧仪表和环保的 ECO 模式。采用 ECO 模式有助于用户以燃油经济性的方式行驶。比如,在低速行驶时,ECO 模式会抑制加速踏板对快速输入的响应,减少空调的功耗,从而有助于提高燃油经济性。

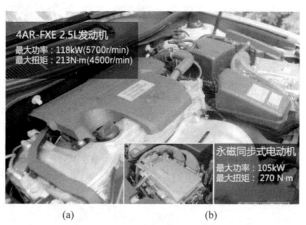

图 5-31 凯美瑞-尊瑞发动机
(a)发动机;(b)永磁同步电机

最新研发的 4AR-FXE 发动机和混合动力车型独有的催化转化器,加上 HV 控制系统提倡环保驾驶,实现了凯美瑞-尊瑞超低水平的尾气排放量。其中,二氧化碳排放量比汽油版车型减少了近 32%,符合国五 LDV 排放标准(北京地区已于 2012 年 7 月实施,与欧 5 标准相同)。

凯美瑞-尊瑞采用混联式混合动力系统,此系统会根据不同的驾驶状况灵活地使用发动机和电机,实现了同等输出下更低的能耗。而新增设的 EV 模式(纯电动模式)开关更能在有需要的情况下(如挪车位等)以纯电动模式行驶 2~3km,无须为了那一两分钟的路起动发动机。此外,混合动力协同驱动系统采用了升压转换器,可将电机、发电机和混合动力蓄电池之间的电压从 244.8V 转换为 650V,以高压减低电阻带来的损耗。

3. 比亚迪·秦

比亚迪·秦(外形见图 5-32)是比亚迪股份有限公司自主研发的 DM 二代(在纯电动和混合动力两种模式间进行切换)高性能三厢轿车。2013 年上海车展上,比亚迪·秦的量产版本正式亮相。

图 5-32　比亚迪·秦

比亚迪·秦采用的是第二代 DM 双模混动技术。相比第一代,第二代 DM 双模混动系统主要通过换装更加高效强劲的 TID 总成、高转速电机、集成式电机控制器、更安全的磷酸铁锂电池等实现了更强的动力性能和更优的经济性能。系统由一台 1.5L 汽油发动机(见图 5-33)以及一台永磁同步电机组成,采用并联模式通过一台双离合变速器进行动力输出。其综合最大输出功率为 295hp,峰值扭矩为 479N·m。

图 5-33　比亚迪·秦发动机

比亚迪·秦搭载的驱动电机额定电压为 480V,最高转速可达 12000r/min,最大功率达到 110kW,最大扭矩 250N·m。电机效率 94% 的高效区覆盖了 2000～10000r/min 范围,提高了电机恒功率转速的范围。

比亚迪·秦的电池组及管理系统如图 5-34 所示,电池组的容量为 13kW·h,磷酸铁锂电池作为核心动力来源之一,相对于 DM 一代技术中的磷酸铁锂电池来说,秦搭载的磷酸铁锂电池体积能量密度、质量能量密度、最大放电能力、低温充电能力等得到有效提升。纯电动模式下的最大续航里程为 70km;混合动力模式下百公里时速加速时间仅为 5.9s,最高车速可达 185km/h,百公里综合油耗不到 2L。秦在纯电状态下可连续行驶 70km,完全能满足日常代步的需求。

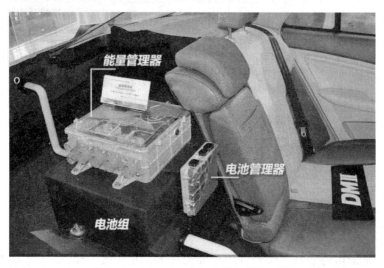

图 5-34　比亚迪·秦电池组及管理系统

比亚迪·秦采用分布式动力电池管理系统(distributed-power battery management system,DBMS)。分布式电池管理系统通过对电池单体温度和电压的采集,进行动力电池能量管理、热平衡管理、整车充放电管理、整车高压安全管理,进一步提升了电池的能量管理效率,同时达到了轻量化的设计要求。

4. 上汽荣威 550 PLUG-IN

荣威 550 PLUG-IN(外形见图 5-35)搭载了 1.5L 自然吸气发动机和电机的组合,其综合功率为 147kW,综合扭矩达到 587N·m。其中发动机最大功率 80kW(6000r/min),最大扭矩 135N·m(4500r/min),电机峰值功率(kW):23(ISG[①])+44(TM),峰值扭矩(N·m):147(ISG)+317(TM[②])。

荣威 550 PLUG-IN 主体电机和 ISG 辅助电机均为三相交流电机,电机旁边有变压器

---

　　① ISG 为 integrated starter generator 系统的缩写,即集成起动发电机,一般适用于中、轻度混合动力汽车。应用该混动系统的车型主要是由一个与发动机一体封装的 ISG 电机,使发动机频繁起动、停止,以实现发动机节能减排功能。这种解决方案的优点是结构简单,对原来传统汽车的改动小,对蓄电池没有太多新的要求,成本比较便宜,节油效果尚可,性价比相对比较高。本田飞度等车型也是采用该解决方案。

　　② TM 即牵引电机(traction motor),牵引电机系统主要用于纯电动汽车和强混动力汽车,为车辆提供牵引动力。

图 5-35　上汽荣威 550 PLUG-IN

（见图 5-36）。变压器的作用是提升来自动力控制单元的电压，以保证电机顺利驱动。主体电机最大功率为 50kW，最大扭矩为 317N·m；ISG 辅助电机最大功率为 25kW，最大扭矩为 147N·m。

图 5-36　荣威 550 PLUG-IN 电机

　　荣威 550 PLUG-IN 采用 ISG 和 TM 双电机系统，即一个集成起动发电机（ISG）加一个牵引电机（TM）的组合。这种双电机系统多用于强混合动力汽车，如丰田普锐斯等；也可用于增程型（range extender）串联插电式（plug-in）混合动力汽车，如雪佛兰沃蓝达。双电机系统结构较复杂，成本较高，但节油效果很好，尤其是插电式混合动力车可通过晚上补电的方式大大减少燃油消耗，使运行成本大幅降低。荣威 550 PLUG-IN 就采用插电式混合动力系统。

　　荣威 550 PLUG-IN 采用磷酸铁锂动力电池（见图 5-37），该电池能够实现 3000 次的充电循环，能够发出 294V 电压，容量为 40Ah，输出功率为 11.8kW·h。从电池零电量到完全充满大约需要 8h（此为试验测试值），而日常驾驶中电池电量不可能用到零，一般最低也就是剩余 10%～20% 的电量，也就是说，正常使用时充满电的时间更短，一般在 6h 左右。

　　动力控制单元由三部分组成，分别连接至电池组、主电机和辅助电机，如图 5-38 所示。该动力控制单元的散热形式为水冷式，其作用是通过改变来自电池组电流的相位从而实现向电机分配电流的功能。

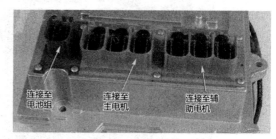

图 5-37　荣威 550 PLUG-IN 动力电池 　　　图 5-38　荣威 550 PLUG-IN 动力控制单元

荣威荣威 550 PLUG-IN 有 3 种工作模式。

1）Charge 模式

如图 5-39 所示,Charge 模式下只有发动机提供动力,这时主电机和辅助电机给电池组充电。适应该模式的工况有怠速、低速行驶以及低速超车等。而在车辆起动的时候(见图 5-40),辅助电机能够给发动机传递巨大的扭矩,保证车辆起动轻松运行。

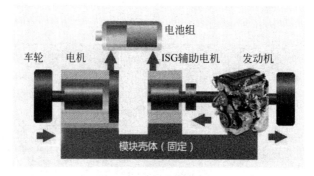

图 5-39　Charge 模式

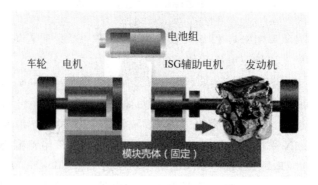

图 5-40　车辆起动

2）ECO 模式

如图 5-41 所示,ECO 模式下发动机不工作,这时车辆动力由主体电机提供。

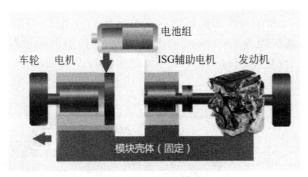

图 5-41　ECO 模式

3）Power 模式

如图 5-42 所示，Power 模式下主体电机和发动机同时给车辆提供动力，功率和扭矩在此时达到最大化。

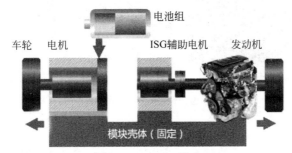

图 5-42　Power 模式

与比亚迪 DM 二代双擎双模混动系统相比，荣威 550 的混动系统更为复杂。使用 2 个离合器结合发动机和 2 个电机之间的动力传递，对于动力管理系统提出了更高的要求。不过车辆驱动模式基本一致，即纯 EV 模式、发动机驱动模式以及两者协同驱动模式。

5. 奥迪 A3 Sportback e-tron

2015 年 7 月 24 日，奥迪在北京宣布奥迪 A3 Sportback e-tron 上市（外形见图 5-43）。奥迪 A3 Sportback e-tron 是奥迪第一款插电式混合动力豪华轿车，也是奥迪家族首个纯电动行驶里程达到 50km 的车型。

图 5-43　奥迪 A3 Sportback e-tron

奥迪 A3 Sportback e-tron 采用的是插电式的混合动力系统,搭载一个 1.4T 涡轮增压汽油发动机和一个最高扭矩为 330N·m 的电机,依旧采用前置前驱布局,电池和油箱都被安置在车辆的后半部分(见图 5-44)。

图 5-44　奥迪 A3 Sportback e-tron 整车布局

1) 动力系统

奥迪 A3 Sportback e-tron 的动力系统由 1.4T FSI 发动机和电机组成。如图 5-45 所示,发动机、电机和变速箱都集成在车头,采用前置前驱的布局,而电池和油箱则布置在后方,中间由油管、电线和冷却系统管道等连接。

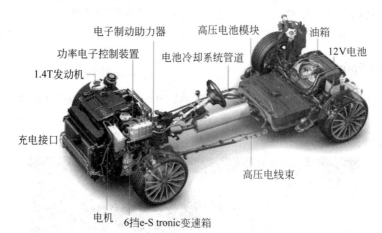

图 5-45　奥迪 A3 Sportback e-tron 结构组成

奥迪 A3 Sportback e-tron 的动力系统组成如图 5-46 所示。奥迪 A3 Sportback e-tron 动力系统的最特别之处在于其有 3 个离合器,如图 5-47 所示,除了双离合变速箱上面的两个离合器之外,它在电机中还集成了一个分离离合器 K0。纯电行驶模式下,发动机并不工作,这时如果发动机和电机通过传动机构相连,电机会带动发动机转动,从而浪费电量,因此在发动机不工作时,分离离合器 K0 会将两者断开连接,让电机独自驱动车辆,达到最大化利用电能行驶的目的。

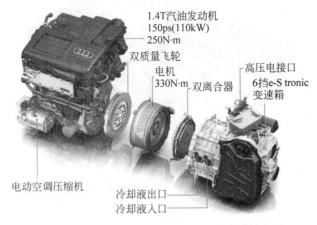

图 5-46　奥迪 A3 Sportback e-tron 动力系统组成

图 5-47　奥迪 A3 Sportback e-tron 电机及离合器结构

2）动力电池组

奥迪 A3 Sportback e-tron 配备的锂离子电池组容量为 8.8kW·h,其外壳主要由铝质材料制成,内部包括 8 个模块共计 96 个电池单元,工作温度为 −28~60℃。在中国,如采用工业电压充电,约 2h 15min 可充满电量;如采用家用电压充电,约 5h 可以把电充满。奥迪 A3 Sportback e-tron 动力电池系统结构如图 5-48 所示。

图 5-49 为奥迪 A3 Sportback e-tron 动力电池管理系统组成。

3）液体冷却系统

如图 5-50(a)所示,纯电模式下,发动机不工作,冷却系统不经过发动机中冷器直接流向电机,为电机冷却,然后流回冷却系统,冷却液的行程较短,冷却作用更为高效。如图 5-50(b)所示,"Boost"模式下,电机和发动机同时工作,冷却液则先经过发动机中冷器,再流向电机,然后流回冷却系统。

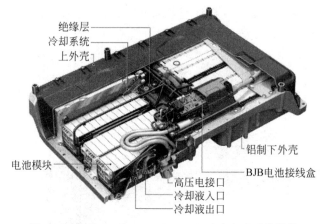

图 5-48　奥迪 A3 Sportback e-tron 动力电池系统结构

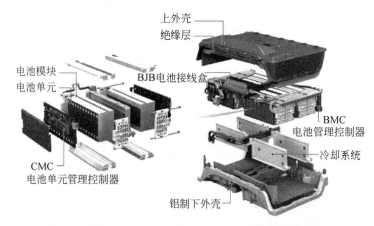

图 5-49　奥迪 A3 Sportback e-tron 动力电池管理系统组成

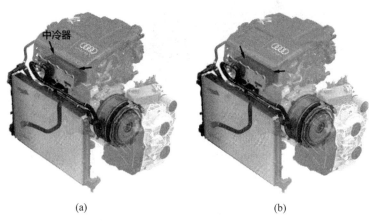

(a)　　　　　　　　　　　　　　(b)

图 5-50　奥迪 A3 Sportback e-tron 液体冷却系统

(a) 纯电模式冷却液途径；(b) "Boost"模式冷却液途径

　　奥迪 A3 Sportback e-tron 采用带低温回路的液体冷却系统,能够将电池温度控制在最佳范围内,确保电池组即便在环境温度较低的情况下也能获得最佳且持久的电力输出。同时,这一系统还与热管理系统互补,使电池组、电子功率装置和电机在各自理想的温度下工作。

4）混动系统工作模式

奥迪 A3 Sportback e-tron 采用了全新的仪表盘，通过盘上的指针可以看到系统不同的工作状态，行驶中系统会根据车辆不同的状态不断更换混动策略。简单来说，就是需要加速的时候，发动机才会起动，提供动力加速；而在减速和制动的时候，系统会根据情况进行动能回收，为电池充电；在低速或是拥堵路段，系统以纯电模式行驶。

在纯电加速模式时，车辆由电池提供电量，只靠电机为车辆提供动力，如图 5-51 所示。

指针指向30%以上区域

图 5-51　纯电加速模式

匀速行驶时，在电池电量充足的情况下，同样是电机为车辆提供动力，发动机并不工作，如图 5-52 所示。

指针指向30%的位置

图 5-52　匀速行驶模式

"Boost"混合加速模式下，发动机和电机同时工作，为车辆提供动力，如图 5-53 所示。
车辆制动时，电机会转变成发电机，为电池组回收能量，如图 5-54 所示。
在特定情况下滑行时，电机同样回收电能，为电池充电，如图 5-55 所示。

指针指向Boost

图 5-53　混合加速模式

指针指向Charge

图 5-54　制动能量回收模式

指针指向Charge

图 5-55　特定情况下滑行时的能量回收模式

奥迪 A3 Sportback e-tron 以纯电模式行驶时,最高时速为 130km/h,超过这个车速发动机就会起动为车辆提供动力;而在滑行时,系统会根据电池的电量,驾驶员选择的电动模式和车速等各种因素判断是否进行动能回收;在电量充足的时候,系统一般会为了让车辆滑行更长的距离而不进行动能回收。

奥迪 A3 Sportback e-tron 在不改变驾驶习惯的前提下,为消费者带来更加干净、高效、环保的未来生活体验。

6. 宝马 i3

2011 年 2 月,宝马汽车公司在其德国总部发布了旗下全新的子品牌宝马 i,这是宝马汽车集团继宝马、MINI 和劳斯莱斯之后,最新的第四品牌。在 i 品牌发布不久,宝马汽车公司陆续发布了 i 品牌两款新车——i3 和 i8。宝马 i3(外形见图 5-56)于 2014 年正式上市。

图 5-56　宝马 i3 增程式电动汽车

宝马 i3 的车身结构如图 5-57 所示,它配置了一台最大马力 170ps(约 125kW),最大扭矩 250N·m 的电机,位于车辆的后轴(见图 5-58)。增程版另外配置了一台 0.6L、24kW 的两缸汽油发动机。发动机并不参与驱动车辆,仅是在电池电量不足时与发电机配合为电池充电,即 i3 为串联式混合动力电动汽车。i3 的动力系统图如图 5-59 所示。

图 5-57　宝马 i3 车身结构

图 5-58　宝马 i3 位于后轴的电机

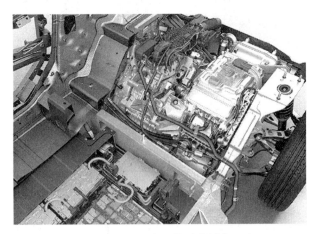

图 5-59　宝马 i3 的动力系统

宝马 i3 配置的高压电池模块总容量为 22kW·h,共 8 个锂离子电池模块(每个模块由 12 颗锂离子电池组成,见图 5-60)及其电子控制装置,安置在车体中央,并由特制的外壳和固定系统保护着,总重约 230kg。

图 5-60　宝马 i3 的动力电池组

据官方数据,宝马 i3 从静止加速至 60km/h 仅需 3.7s,加速至 100km/h 用时 7.2s。在续航里程方面,增程版的宝马 i3 在 Eco Pro+ 模式下匀速行驶的最大里程为 300km。

7. 大众高尔夫 GTE

2015 年 12 月 12 日,进口大众全新高尔夫 GTE(外形见图 5-61)在大众汽车北京中心正式上市。高尔夫 GTE 是一款拥有高性能与低油耗的运动车型,采用与奥迪 A3 Sportback e-tron 相似的动力配置,由 1.4T FSI 发动机和电机组成的混动系统提供动力。其中发动机输出 110kW 的最大功率,电机贡献 75kW 的最大功率,两者共同工作时最大功率可达到 150kW,峰值扭矩为 350N·m。此外该系统装备 8.8kW·h 的锂离子电池组。在纯电动模式下,高尔夫 GTE 插电式混合动力车的续航里程为 50km,最高时速可达到 130km/h。使用正常民用插座 4h 就可以充满电池,而使用快速充电器 30～45min 就可以完成一次充电。在混合模式下,该车百公里的加速时间为 7.6s,而百公里油耗综合却只需 1.5L。

图 5-61　高尔夫 GTE

高尔夫 GTE 采用的混动系统又称 P2 混动系统,该系统有两个离合器,除了传统变速箱具备的离合器之外,在电机和发动机中间还有一个离合器,如图 5-62 所示。

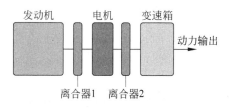

图 5-62　高尔夫 GTE 混动系统结构图

高尔夫 GTE 的整车结构非常简单,除去在传统的动力总成之间多加了一个电机和离合器(该离合器用于控制电机和发动机之间的连断)之外,其他结构保持不变,如图 5-63 所示。

P2 混动系统应用在高尔夫 GTE 上,由一台 1.4T FSI 发动机、一台电机和一台 6 速 DSG 组成,如图 5-64 所示。

图 5-63　高尔夫 GTE 整车结构

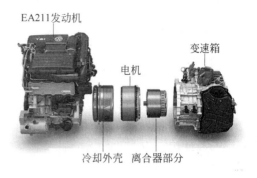

图 5-64　高尔夫 GTE 结构组成

高尔夫 GTE 的油电混合模块如图 5-65 所示，包括了一台电机和三个离合器（后面两个离合器属于变速箱的离合器）。电机通过离合器 1 和发动机连接，通过离合器 2、3 和变速箱连接。

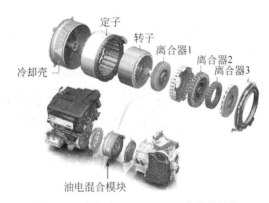

图 5-65　高尔夫 GTE 油电混合模块结构

高尔夫 GTE 一共有三种工作模式。

1）纯电模式

如图 5-66 所示，纯电模式下，离合器 1 断开，离合器 2、3 连接。发动机不工作，由电机输出至变速箱来驱动车辆。

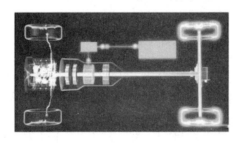

图 5-66　纯电模式

2）混合输出模式

如图 5-67 所示，混合输出模式下，离合器 1、离合器 2、3 均连接，发动机连同电机一起转动，共同驱动车辆。

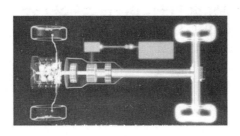

图 5-67　混合输出模式

3）纯发动机输出模式

如图 5-68 所示，纯发动机输出模式下，离合器 1、离合器 2、3 均连接，发动机驱动电机发电的同时驱动车辆。

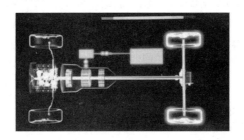

图 5-68　纯发动机输出模式

目前大众的这套 P2 混动系统容易上手，应用非常广，大部分车企都已采用，且大众凭着出色的变速箱技术走在混合动力电动汽车前列。

第**6**章 燃料电池电动汽车

燃料电池电动汽车(fuel-cell electric vehicle,FCEV)是利用氢气和空气中的氧在催化剂的作用下,在燃料电池中经电化学反应产生电能,并以此作为主要的动力源。

燃料电池电动汽车实质上是电动汽车的一种。在车身、动力传动系统、控制系统等方面,燃料电池电动汽车与普通电动汽车基本相同,主要区别在于动力电池的工作原理不同。一般来说,燃料电池是通过电化学反应将化学能转化为电能,电化学反应所需的还原剂一般采用氢气,氧化剂则采用氧气,因此最早开发的燃料电池电动汽车多直接采用氢燃料。氢气的储存可采用液化氢、压缩氢气或金属氢化物储氢等形式。

6.1 燃料电池电动汽车的特点

燃料电池汽车被誉为人类交通的最终解决方案。与传统的汽油汽车和电动汽车相比,燃料电池电动汽车具有如下特点:

(1)使用寿命长。只要燃料和催化剂能从外部源源不断地供给,燃料电池即可持续不断地输出电能,其使用寿命远远高于普通的原电池或充电电池。

(2)能量转换效率高。能量转换效率是指产出的电能与输入燃料经化学反应所能释放出的能量之比。燃料电池是将储存在燃料和氧化剂中的化学能通过电极反应直接转化为电能,其反应过程不涉及燃烧和热机做功,因此能量转换效率不受“卡诺循环”的限制。理论上燃料电池的化学能转换效率可达到100%,其实际能量转换效率也高达60%~80%,是普通内燃机热效率的2~3倍。

(3)环保性能好。燃料电池的主要反应产物是水,向大气排放的有害物质极少。且由于没有往复及回转运动的机械部件,噪声也很小。

(4)响应性能好。燃料电池可及时响应汽车负载的变化,能在几秒钟之内从最低功率变到额定功率,具有良好的响应速度。

(5)能源补充快。燃料电池所需的燃料主要是氢,充气或更换氢气瓶一般只需几分钟,比纯电动汽车的蓄电池充电时间要短得多。并且一次加注燃料后其续航里程基本能达到内燃机汽车的标准。

（6）制氢原料多。氢燃料可以从甲醛、天然气、石油气、甲烷及其他能分解出氢类化合物的原料中获得。燃料电池不仅可以作为宇航、军事动力及汽车用能源装置，也是继火力、水力和核能发电之后具有广阔发展前途的第四类发电技术。

（7）存储困难，成本高。目前氢气制备困难，存储难度大，制备和存储的成本都比较高。

（8）加氢站等基础设施少。加氢站的建设成本高，政策支持力度小，因此加氢站等基础设施少，不利于燃料电池电动汽车的普及。

（9）安全性待考验。高压存储的氢气有安全隐患，安全性有待考验。

作为电动汽车常用的一种电池，燃料电池是同时兼备寿命长、效率高、污染小、噪声低、响应性好、可快速补充能源和连续工作等优势的动力装置，也被公认为是今后替代传统内燃机的最理想的汽车动力装置，并且它也将在国防、通信和民用电力等更多领域发挥重要作用。

但目前还存在着制氢、储氢的成本和安全等问题，有待通过技术上的进一步探索提高来解决。

首先是 FCEV 的催化剂价格很高。以质子交换膜燃料电池为例，其催化剂中通常含有 Pt，也就是铂（俗名白金）。铂是比黄金还贵的贵金属，用来做催化剂实在是太昂贵了，而且这种贵重的催化剂还会出现损耗。铂在气态硫氮氧化物（如一氧化氮、二氧化硫等）存在的情况下有严重的中毒情况，当硫氮氧化物浓度（体积分数）高于 100ppm[①] 时，中毒不可逆。我国目前的这种雾霾环境，意味着催化剂会不断地被损耗。而质子交换膜燃料电池的催化剂载体——碳，在放电状态下很容易被氧化从而造成结构坍塌，致使 Pt 的催化面积迅速减小并流失。

制约 FCEV 发展的还有加氢站的基础设施建设。虽然目前服务 BEV 的充电站/桩发展也比较慢，没有很好的商业模式吸引资本，更多的是依靠政府推动的公用充电站以及各家厂商/4S 店建立为自家车主服务的充电站。但与需要服务 FCEV 的加氢站相比，充电桩占地小，投资少，时间短，改造线路便可投入使用；而加氢站则需要重新规划，占地大，投资多，时间长。所以加氢站在很长一段时间内没法到位，通过建设加氢站刺激 FCEV 的销量目前来看非常不可行。

短期来看，以 BEV 和 PHEV（插电式混合动力汽车）为主的新能源汽车会慢慢进入良性循环阶段，即更大容量的电池、更多的充电站和更高的销量，彼此之间互相刺激，提高增长。汽车生产企业将推出越来越多的 BEV 和 PHEV 车型，消费者也将逐渐熟悉并习惯这些低排放新能源汽车。FCEV 将只得依赖其优良的续航里程以及加氢迅速等优势，来刺激汽车生产企业长期投资开发。

随着技术的进步，石油储量的不断减少，也许在 15 年后，结合 BEV 和 FCEV 优势的插电式燃料电池汽车将会出现，燃料电池技术的发展将为我们人类带来"氢能经济"或"氢能社会"的新时代。燃料电池已被列为新经济和 21 世纪可持续发展的三大支柱之一，与信息技术、生物技术并驾齐驱。燃料电池不仅在汽车等交通工具中具有广阔的应用前景，在我们的日常生活中也将被广泛使用，让我们拭目以待。

---

① 1ppm $= 10^{-6}$。

● 6.2　燃料电池电动汽车的分类

6.2.1　燃料电池的分类及性能分析

燃料电池（fuel cell）是把燃料氧化的化学能直接转换为电能的"发电装置"，是电化学反应的发生器。

燃料电池的种类繁多，一般根据电解质类型的不同进行分类，通常分为质子交换膜燃料电池、碱性燃料电池、磷酸燃料电池、熔融碳酸盐燃料电池、固体氧化物燃料电池等。

1. 质子交换膜燃料电池

质子交换膜燃料电池（proton exchange membrane fuel cell, PEMFC）使用固态电解质并在低温（约80℃）条件下工作。Nafion膜是固态聚合物电解质的典型例子，因此这种燃料电池也被称为固体聚合物膜燃料电池。质子交换膜燃料电池的发电效率低于碱性电池（40%～60%），但它具有坚固耐用和结构简单等特点，使得该类型的燃料电池非常适合汽车使用。质子交换膜燃料电池和碱性燃料电池是目前在汽车应用中考虑最多的两个类型。质子交换膜燃料电池的优点在于其所需的燃料氢气纯度比碱性燃料电池所需的氢气纯度低。

质子交换膜燃料电池的反应原理如图6-1所示，其工作原理如下：

（1）阳极反应方程式

$$H_2 \longrightarrow 2H^+ + 2e^-$$

（2）阴极反应方程式

$$H_2 + \frac{1}{2}O_2 \longrightarrow H_2O$$

（3）总反应方程式

$$\frac{1}{2}O_2 + 2H^+ + 2e^- \longrightarrow H_2O$$

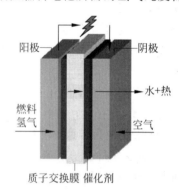

图 6-1　质子交换膜电池的反应原理

2. 碱性燃料电池

碱性燃料电池（alkaline fuel cell, AFC）是燃料电池技术发展最快的一种电池，目前主要为空间任务（包括航天飞机）提供动力和饮用水。在碱性燃料电池中，氢氧化钾（KOH）水溶液作为电解液。与其他一些酸性电解液的燃料电池相比，碱性电解液具有与酸性电解液一样好的性能，且能大大减少对电极的腐蚀。碱性燃料电池在实际应用上已经有很长一段时间，其发电效率高达70%。碱性燃料电池需要纯氢作为燃料，且要求在低温（约80℃）条件下工作，因而适合在汽车上应用。

碱性燃料电池的结构如图6-2所示，其反应原理如图6-3所示，工作原理如下：

（1）电极（阴极）反应方程式

$$H_2 + 2OH^- \longrightarrow 2H_2O + 2e^-$$

（2）氧电极（阳极）反应方程式

$$\frac{1}{2}O_2 + H_2O + 2e^- \longrightarrow 2OH^-$$

（3）总反应方程式

$$O_2 + 2H_2 \longrightarrow 2H_2O$$

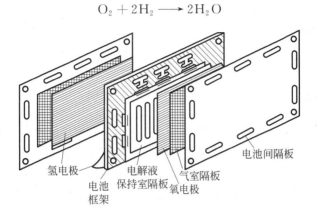

氢电极　电解液　气室隔板
电池　保持室隔板　氧电极
框架　　　　　　电池间隔板

图 6-2　碱性燃料电池的结构

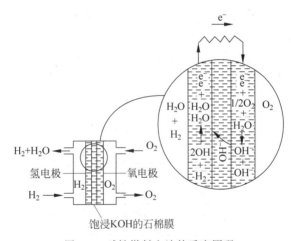

图 6-3　碱性燃料电池的反应原理

3. 磷酸燃料电池

磷酸燃料电池（phosphoric acid fuel cell，PAFC）是最早的燃料电池，其原型可追溯到燃料电池概念的提出阶段。该类电池的电解液是磷酸，工作温度 160～220℃，这使其能够进行一定程度的热电联产，发电效率比较理想，在 50% 左右。由于体积过于笨重而不适用于道路运输车辆，但凭借其较高的发电效率，磷酸燃料电池可应用于固定式发电设备。

磷酸燃料电池的结构如图 6-4 所示，其工作原理如下：

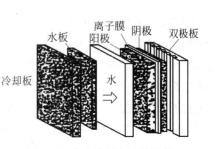

图 6-4　磷酸燃料电池的结构

（1）阳极反应方程式

$$H_2 \longrightarrow 2H^+ + 2e^-$$

（2）阴极反应方程式

$$\frac{1}{2}O_2 + 2H^+ + 2e^- \longrightarrow H_2O$$

（3）总反应方程式

$$\frac{1}{2}O_2 + H_2 \longrightarrow H_2O$$

4. 熔融碳酸盐燃料电池

熔融碳酸盐燃料电池(molten carbonate fuel cell, MCFC)最初是直接从 620～660℃的煤炭中研发得到的。其阴极上需要供应 CO 或 CO_2，阳极上需要供应氢。这种燃料电池使用碳酸盐作为电解液，其发电效率可高达 65%，并且多余的热量可用于热电联产以提高发电效率。由于工作在高温条件下，熔融碳酸盐燃料电池不太适合车辆应用，但可以用于固定发电。

熔融碳酸盐燃料电池的结构如图 6-5 所示，其工作原理如下：

（1）阳极反应方程式

$$O_2 + 2CO_2 + 4e^- \longrightarrow 2CO_3^{2-}$$

（2）阴极反应方程式

$$2H_2 + 2CO_3^{2-} \longrightarrow 2CO_2 + 2H_2O + 4e^-$$

（3）总反应方程式

$$O_2 + 2H_2 \longrightarrow 2H_2O$$

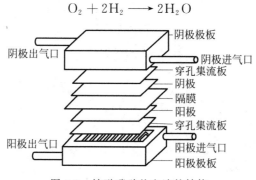

图 6-5　熔融碳酸盐电池的结构

5. 固体氧化物燃料电池

固体氧化物燃料电池(solid oxide fuel cell, SOFC)使用固体离子导体作为电解质，并不使用溶液或者聚合物，从而减少了腐蚀问题。但它要求陶瓷中离子具有足够的导电性，且系统必须工作在非常高的温度条件下。在最初设计时，使用氧化稳定钇氧化作为电解液，工作温度高达 800～1000℃。在寻找适用于较低温度下电解液材料的过程中，发现了"中温固体氧化物燃料电池"。这种燃料电池发电效率高达 60%～65%，余热也可用于热电联产。尽管目前该种燃料电池并不适合在汽车上应用，但它是固定式发电应用的最佳选择。

固体氧化物燃料电池的工作原理如下：

（1）电池阳极反应方程式（分别采用 H_2、CO、CH_4 作为燃料）

$$H_2 + O^{2-} \longrightarrow H_2O + 2e^-$$

$$CO + O^{2-} \longrightarrow CO_2 + 2e^-$$

$$CH_4 + 4O^{2-} \longrightarrow 2H_2O + CO_2 + 8e^-$$

（2）总反应方程式（以 H_2 为例）

$$2H_2 + O_2 \longrightarrow 2H_2O$$

五种燃料电池的特性汇总如表 6-1 所示。

表 6-1　五种燃料电池的特性

简称	燃料电池类型	电解质	工作温度/℃	电化学效率/%	燃料、氧化剂	功率输出
PEMFC	质子交换膜燃料电池	质子交换膜	室温～80	40～60	氢气、氧气（或空气）	1kW
AFC	碱性燃料电池	氢氧化钾溶液	室温～80	60～70	氢气、氧气	300W～5kW
PAFC	磷酸燃料电池	磷酸	160～220	55	天然气、沼气、过氧化氢、空气	200kW
MCFC	熔融碳酸盐燃料电池	碱金属碳酸盐熔融混合物	620～660	65	天然气、沼气、煤气、过氧化氢、空气	2～10MW
SOFC	固体氧化物燃料电池	氧离子导电陶瓷	800～1000	60～65	天然气、沼气、煤气、过氧化氢、空气	100kW

6.2.2　燃料电池电动汽车的分类

燃料电池电动汽车按主要燃料种类和"多电源"配置不同分类。

1. 按主要燃料种类分类

（1）以纯氢气为燃料的 FCEV；

（2）经过重整后产生的氢气为燃料的 FCEV。

2. 按多电源配置不同分类

（1）纯燃料电池驱动（PFC）的 FCEV；

（2）燃料电池与辅助蓄电池联合驱动（FC+B）的 FCEV；

（3）燃料电池与超级电容联合驱动（FC+C）的 FCEV；

（4）燃料电池与辅助蓄电池和超级电容联合驱动（FC+B+C）的 FCEV。

6.3　燃料电池电动汽车的结构与原理

6.3.1　纯燃料电池驱动的 FCEV

纯燃料电池电动汽车只有燃料电池一个动力源，汽车的所有功率负荷都由燃料电池承担,其动力系统结构如图 6-6 所示。

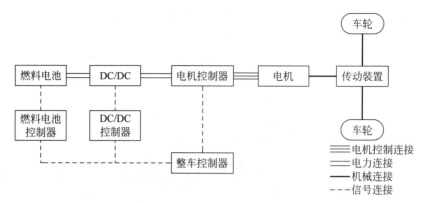

图 6-6   纯燃料电池驱动电动汽车的动力系统结构

燃料电池系统将氢气与氧气反应产生的电能通过 DC/DC、电机控制器传给驱动电机,驱动电机将电能转化为机械能再传给传动系统,从而驱动汽车前进。

这种纯燃料电池驱动(PFC)的燃料电池电动汽车具有如下优点:

(1) 系统结构简单,便于实现系统控制和整体布置;

(2) 系统部件少,有利于整车的轻量化;

(3) 较少的部件使得整体的能量传递效率高,从而提高了整车的燃料经济性。

纯燃料电池驱动(PFC)的燃料电池电动汽车也具有如下缺点:

(1) 燃料电池功率大,成本昂贵;

(2) 对燃料电池系统的动态性能和可靠性要求很高;

(3) 不能进行制动能量回收。

基于纯燃料电池汽车的不利因素,现在较多采用混合驱动结构形式,既以燃料电池系统作为主动力源,又增加了蓄电池组或超级电容或蓄电池组加超级电容作为辅助动力源,和燃料电池联合工作,组成混合驱动系统共同驱动汽车。

从本质上来讲,这种结构的燃料电池电动汽车采用的是类似混合动力结构,它与传统意义上的混合动力结构的不同之处仅在于其动力源是燃料电池而不是内燃机。在燃料电池混合驱动结构汽车中,燃料电池和辅助能量存储装置共同向电机提供电能,通过变速机构来驱动汽车行驶。

6.3.2   燃料电池与辅助蓄电池联合驱动的 FCEV

燃料电池与辅助蓄电池联合驱动的燃料电池电动汽车的动力系统结构如图 6-7 所示。该系统有燃料电池和蓄电池两个动力源,汽车功率负荷由燃料电池和蓄电池共同承担。蓄电池在该系统中的作用是和燃料电池一起为驱动电机提供电能,驱动电机将电能转化成机械能传给传动装置,从而驱动汽车行驶,另外,在燃料电池系统起动时,蓄电池提供电能用于空压机或鼓风机的工作、电堆的加热、氢气和空气的加湿等。在汽车制动的时候,蓄电池还可回收再生制动能量,此时驱动电机就变成了发电机给蓄电池充电。

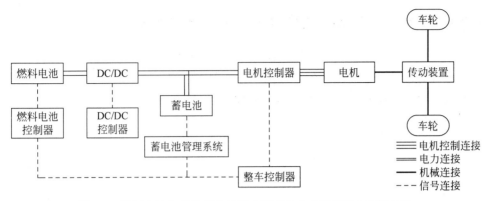

图 6-7 燃料电池与辅助蓄电池联合驱动的电动汽车动力系统结构

燃料电池与辅助蓄电池联合驱动结构具有以下优点：

（1）降低了对燃料电池的功率和动态特性的要求；

（2）降低了燃料电池系统的成本；

（3）能够回收再生制动能量。

燃料电池与辅助蓄电池联合驱动结构也具有如下缺点：

（1）增加了驱动系统的质量、体积和复杂性；

（2）增加了蓄电池的维护和更换费用。

6.3.3 燃料电池与超级电容联合驱动的 FCEV

燃料电池与超级电容联合驱动的燃料电池电动汽车与上述的燃料电池与蓄电池联合驱动电动汽车的结构类似，只不过是把蓄电池换成了超级电容。超级电容起的作用跟蓄电池是一样的，不同点就在于蓄电池的寿命短、成本高、使用要求复杂，而超级电容寿命长、效率高、能量损失小、比蓄电池功率密度大，在回收制动能量方面比蓄电池更有优势，使用成本更低，从而有利于 FCEV 的商业化推广和应用。

燃料电池与超级电容联合驱动的燃料电池电动汽车的动力系统结构如图 6-8 所示。

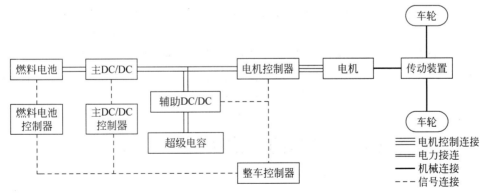

图 6-8 燃料电池与超级电容联合驱动的电动汽车动力系统结构

6.3.4　燃料电池与辅助蓄电池和超级电容联合驱动的 FCEV

燃料电池与蓄电池和超级电容混合驱动的电动汽车的动力系统结构如图 6-9 所示。它是在燃料电池与辅助蓄电池混合驱动的 FCEV 的电压总线上再并联一组超级电容,用于提供加速或吸收紧急制动的尖峰电流,减轻蓄电池负担,延长使用寿命。

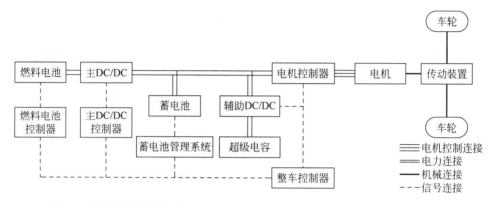

图 6-9　燃料电池与辅助蓄电池和超级电容联合驱动的电动汽车动力系统结构

这种动力系统结构,燃料电池、蓄电池和超级电容一起为驱动电机提供能量,驱动电机将电能转化成机械能传给传动系统,从而驱动汽车前进。在汽车制动时,驱动电机变成发电机,蓄电池和超级电容储存回馈的能量。

这种混合驱动结构具有以下优点:

(1) 部件效率高,动态特性好,制动能量回馈效果好。

(2) 燃料电池的能量输出更为平缓,随时间变化波动较小。能量需求变化的低频部分由蓄电池承担,能量需求变化的高频部分由超级电容承担。

(3) 各动力源的分工更加明确,其优势也得到更好的发挥。

这种混合驱动结构的缺点也一样明显:

(1) 增加了超级电容,整个系统的质量增加。

(2) 增加了超级电容,系统更加复杂化,系统控制和整体布置的难度也随之增大。

综上对比三种混合驱动结构形式,FC＋B＋C 组合被认为能够最大限度地满足整车起动、加速、制动的动力和效率需求,若能对系统进行很好的匹配和优化,这种结构在给汽车带来良好的性能方面具有极大的吸引力,但其成本最高,结构和控制也最为复杂。目前燃料电池电动汽车动力系统的一般结构仍是 FC＋B 组合。

6.4　燃料电池电动汽车的车型实例

燃料电池以其特有的燃料效率高、质量能量大、功率大、供电时间长、使用寿命长、可靠性高、噪声低及不产生有害排放物 NO_2 等优点正在引起世界各国的注意。与内燃机汽车相比,氢燃料电池电动汽车有害气体的排放量减少 99％,CO_2 的生成量减少 75％,电池能量转换效率约为内燃机效率的 2.5 倍。这种电池将有可能成为继内燃机之后的汽车最佳动力源之一。然而由于目前技术等各方面的限制,现在大部分氢燃料电池电动汽车基本都还处于样车阶段,只有少数几个汽车厂商有量产车出来,但产量也是很少的。下面我们就来看一下目前已经量产的几款燃料电池电动汽车。

1. 现代 ix35 氢燃料电池汽车

现代汽车公司是全球最早推出批量生产燃料电池汽车的企业,首款车即为 ix35 氢燃料电池汽车(外形见图 6-10)。早在 2013 年 2 月 26 日,作为世界上第一辆量产版氢燃料电池汽车——ix35 FCV 就在韩国下线了。ix35 比丰田的 Mirai 早了两年,只不过没有在市场上大力推广,因此大家对它的了解不是特别多。随着丰田 Mirai 的量产及市场化,现代 ix35 氢燃料电池汽车也开始加入到市场竞争中。

图 6-10　现代 ix35 氢燃料电池电动汽车

ix35 搭载了经现代汽车科研团队 14 年时间、耗巨资自主研发的燃料电池。现代汽车公司从 1998 年开始涉足燃料电池汽车,2013 年公司建成第一条生产线。2014 年 4 月,现代宣布在韩国本土开售氢燃料电池车,售价高达 1.5 亿韩元,折合人民币 85.5 万元。但全韩国仅在蔚山拥有一座加氢站。2014 年 6 月,现代途胜 FCV(途胜即 ix35 的美版)在美国南加利福尼亚州上市,首批通过租赁的方式使用。

1) ix35 FCV 结构解析

虽然 ix35 FCV 外观上跟普通 ix35 没什么大的区别,但在车身内部结构上与普通燃油版的 ix35 还是存在不同的。

ix35 FCV 车身可以分为三个部分,如图 6-11 所示,分别为后部的氢储存区、中部的电池及逆变器、前部的燃料电池及动力总成。

在后部的氢储存区,有两个互相连通的储氢罐,如图 6-12 所示。其壳体由碳纤维和铝材制成,兼顾了轻量化与结构强度,内部储存的氢气压力为 70MPa,转换后是 10kg 压力。两个储氢罐可加载共 5.64kg 的液态氢。

在车辆中间的底部装有高压电池组,高压电磁组和前部燃料电池及动力总成之间还有一个逆变器,如图 6-13 所示。高压电池组的功率为 24kW·h。电池组安放在车身底部一

图 6-11　ix35 氢燃料电池电动汽车结构

图 6-12　ix35 氢燃料电池电动汽车后部氢存储区

方面是考虑到空间,另一方面则考虑到整车的质量分布。当然,考虑到实际使用环境,电池组以及逆变器是被防水壳包裹的。

图 6-13　ix35 氢燃料电池电动汽车燃料电池及动力总成

车辆前方则是燃料电池及动力总成,燃料电池及驱动车辆的电机都安放于此。可以看出,该总成就安放于原 ix35 的发动机位置上,这为以后车辆的大规模量产提供了便利。

2) ix35 FCV 的工作原理

ix35 FCV 的工作流程如下所述。

(1) 储存在氢气罐里的氢燃料通过管道供给到燃料电池燃料堆。氢燃料的供给过程如图 6-14 所示。

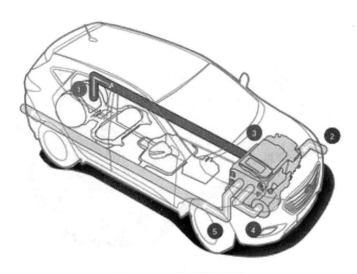

图 6-14　氢燃料供给过程

1—氢气罐；2—空气进口；3—燃料电池堆栈；4—电能传输通道；5—反应后产生的水流出通道

（2）空气被送入燃料电池堆，为燃料电池堆提供反应需要的氧气。空气的供给过程如图 6-15 所示。

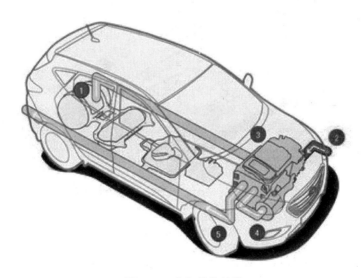

图 6-15　空气供给过程

1—氢气罐；2—空气进口；3—燃料电池堆栈；4—电能传输通道；5—反应后产生的水流出通道

（3）氢气和氧气在燃料电池堆栈里发生反应，产生出电能、水及热量。燃料电池堆栈在车内位置如图 6-16 所示。

（4）燃料电池产生出来的电能用于驱动车辆电机以及储存于电池组中，如图 6-17 所示。

（5）经过一系列反应后，最后排出的只有纯净的水，如图 6-18 所示。

3）ix35 FCV 燃料电池总成

ix35 FCV 的燃料动力系统（balance of plant，BOP）主要分为三个方面：热管理系统

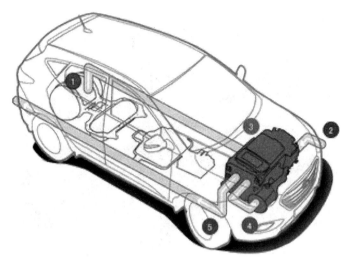

图 6-16　反应过程

1—氢气罐；2—空气进口；3—燃料电池堆栈；4—电能传输通道；5—反应后产生的水流出通道

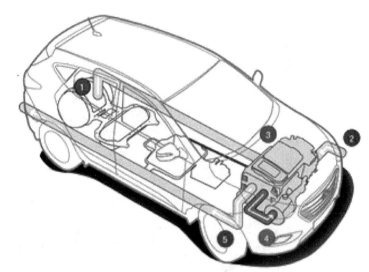

图 6-17　驱动及能量储存过程

1—氢气罐；2—空气进口；3—燃料电池堆栈；4—电能传输通道；5—反应后产生的水流出通道

(thermal management system,TMS)、空气处理系统(air process system,APS)和燃料处理系统(fuel process system,FPS),如图 6-19 所示。

燃料处理系统(外形如图 6-20 所示)将氢气罐中高压氢气转换成低压氢气,用于燃料电池堆的化学反应中,并可实现化学反应后剩余氢的回收再利用。

燃料电池的核心——燃料电池堆栈(外形如图 6-21 所示)位于总成中心,氧气从电池下方进入,氢气和氧气就在里面进行反应,产生出电能。

燃料电池内部有复杂的电路(见图 6-22)用以控制以及监测反应过程。

氢燃料电池汽车和普通汽车一样有空气滤清器(外形见图 6-23)。

空气经过过滤后,便经过鼓风机(外形见图 6-24)。鼓风机为燃料电池提供源源不断的空气(氧气)。

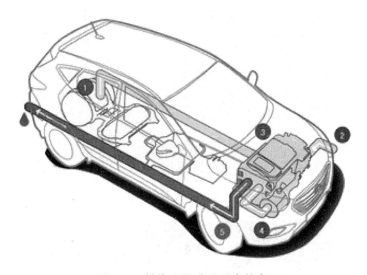

图 6-18 排放过程（产生纯净的水）

1—氢气罐；2—空气进口；3—燃料电池堆栈；4—电能传输通道；5—反应后产生的水流出通道

图 6-19 ix35 FCV 燃料电池系统总成

图 6-20 ix35 FCV 燃料电池燃料处理系统

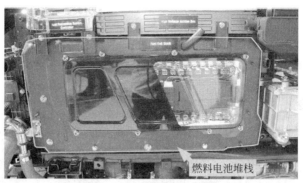

燃料电池堆栈

图 6-21　ix35 FCV 燃料电池堆栈

图 6-22　ix35 FCV 燃料电池内部电路

空气滤清器

图 6-23　ix35 FCV 汽车空气滤清器

图 6-24　ix35 FCV 汽车燃料电池鼓风机

　　燃料电池里的质子交换膜在工作的时候需要水分,而且反应气体的水分过多或过少都会对燃料电池效率造成影响,因此还有一个燃料电池特有的空气加湿器(外形见图 6-25)。

空气加温器

图 6-25　ix35 FCV 汽车燃料电池空气加湿器

　　燃料电池堆工作时会产生热量,热量会影响电池的工作效率,因此还设有热管理系统,将燃料电池堆的温度控制在最佳范围内。根据温度分布情况,水泵将冷却水送入需要降温的区域(见图 6-26)。

水泵

三通阀

图 6-26　ix35 FCV 汽车燃料电池热管理系统

　　最终燃料电池产生的电能输送给电机,从而驱动车辆行驶,见图 6-27。

电机控制单元

图 6-27　ix35 FCV 汽车电机控制单元

　　ix35 FCV 能够在 10min 内将氢燃料加满,其最大行驶距离为 415km。该数据虽然与普通燃油汽车相比还是有差距,但相比于纯电动汽车来说已经很优秀。当然,氢燃料电池车能不能普及的关键在于加氢站的普及以及实际终端的销售价格。若得到政府的全力推动，加快建设加氢站，氢燃料电池车将得到许多民众的接受。希望这种新能源汽车能多加推广，共同为蓝天白云出一份力。

2. 丰田 Mirai 氢燃料电池汽车

丰田 Mirai(外形见图 6-28)是一款氢燃料电池车，于 2014 年 12 月 15 日在日本正式上市。如图 6-29 所示，丰田 Mirai 的底盘上安装有高压储氢罐、储能电池、燃料电池堆和由动力控制装置、电机组成的动力系统。除了驱动车辆，燃料电池堆还能为外部设备提供电能。

图 6-28　丰田氢燃料电池汽车 Mirai

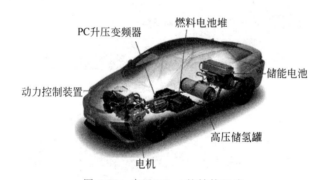

图 6-29　丰田 Mirai 的结构组成

1) 丰田 Mirai 的工作原理

丰田 Mirai 的工作原理如图 6-30 所示，储氢罐中的氢气与车头吸入的氧气在燃料电池内发生反应，产生的电能驱动电机，从而驱动车辆行驶；反应产生的剩余电能被存入储能电池(充电电池)中。

2) 丰田 Mirai 各系统组成

(1) 储氢罐

丰田 Mirai 的储氢罐(外形及剖面图见图 6-31)位于车身后部(见图 6-32)，分别是 60L 和 62.4L 的两个储气罐，最大可储存 5kg 氢燃料，储气压力可达 70MPa。储氢罐由碳纤维加凯夫拉复合材料制作而成，强度可以抵挡轻型枪械的攻击。

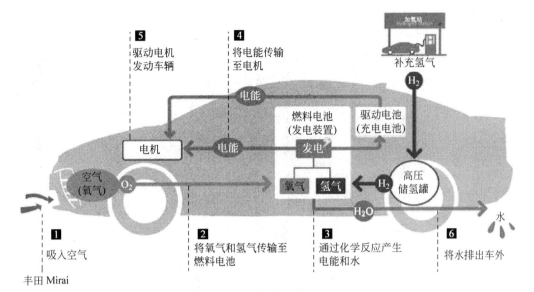

图 6-30　丰田 Mirai 的工作原理

图 6-31　丰田 Mirai 储氢罐

（2）燃料电池。

丰田 Mirai 的燃料电池（外形见图 6-32）位于前排座椅下方（见图 6-33），它是整车的电力来源。燃料电池反应堆（见图 6-34）中氢气和氧气发生反应产生电能，其能量密度达到 3.1kW/L，发电总功率可以达到 114kW。

图 6-32　丰田 Mirai 燃料电池

图 6-33　丰田 Mirai 燃料电池和储氢罐布局

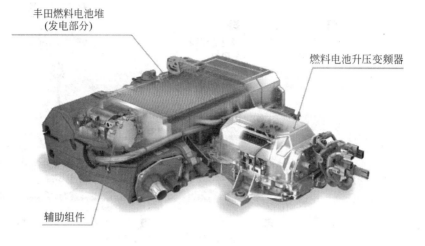

图 6-34　丰田 Mirai 燃料电池反应堆及升压变频器

（3）储能电池

丰田 Mirai 的储能电池位于后排座椅的后方（见图 6-35），占据了一定的行李厢空间，但其发挥的作用非常大，燃料电池组输出剩余的电能和车辆行驶过程中回收的电能都被它储存起来，供急加速和车载用电器使用。

（4）电机

丰田 Mirai 的电机（外形见图 6-36）位于车头部分，其最大输出功率为113kW，峰值扭矩达到 335N·m。虽然 Mirai 的车重超过了 1.8t，但如此夸张的扭矩输出依然保证了其良好的中低速响应。

图 6-35　丰田 Mirai 储能电池

图 6-36　丰田 Mirai 电机

丰田 Mirai 已在日本销售，其售价约合人民币 38 万元，减去各种减免的税费，售价也合人民币 26 万元，与传统的中型车甚至中大型车相比并没有优势。而在氢燃料的花费方面，目前日本的燃料氢价格约为 1000 日元/千克，未来还有降低的可能性，可见其使用成本并不高昂。实际上阻碍其发展的其实是稀少的加氢站。

3. 本田 FCX Clarity 氢燃料电池汽车

本田 FCX Clarity(外形见图 6-37)是目前少有的在实际运营着的氢燃料电池汽车,新车于 2016 年 3 月在日本市场上市。

图 6-37　本田 Clarity 氢燃料电池汽车

对于一台燃料电池车型来说,除了储备电能的电池组、负责驱动的电机(与纯电动汽车类似)外,最重要的结构就是燃料电池(即氢氧发生反应位置),以及存储氢原料的储氢罐。

FCX Clarity 的电机为一台永磁型交流电机,可输出 100kW 的最大功率以及 256N · m 的峰值扭矩。

本田 FCX Clarity 的动力系统(外形见图 6-38)非常小,电机和变速器直接连接在一起,而变速器实际上只有一个前进挡,再包括一个倒挡,整体结构很简洁。

图 6-38　本田 FCX Clarity 的动力系统

本田 FCX Clarity 的燃料电池(图 6-39)系统主要由电压控制单元、氢供应系统、空气供应系统和及电动涡轮压缩机组成,如图 6-40 所示。

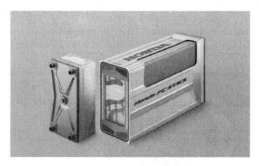

图 6-39　本田 FCX Clarity 的燃料电池

电压控制单元
电池组电压升压，高电压驱动电机
通过采用SiC电源模块实现小型大功率化

氢供应系统

空气供应系统

动力控制单元一体型
驱动电机&齿轮箱

电动涡轮压缩机
空气供应压力是原来的1.7倍

图 6-40　本田 FCX Clarity 的燃料电池系统

　　续航和加氢方面，车内搭载的 70MPa 高压储氢罐（外形见图 6-41）可以为新一代 FCV 提供 700km 的续航里程，这一成绩已经超过了大部分汽油车型的表现。并且在加氢站完成一次补充燃料的时间也仅需要 3min 左右，与传统动力汽车加油几无差别，便利性毋庸置疑。

图 6-41　本田 FCX Clarity 的储氢罐

　　FCX Clarity 的理想续航里程达到 700km，而实测续航里程也能达到 380km 以上，具备很高的实用性。

　　本田还将开发一款应急电源设备（外形见图 6-42），从而可以在家里预先充电以延长车辆续航里程。另外，它还具备逆变器功能，可以为其他设备供电，充当"移动电源"。

图 6-42　应急电源设备

对于燃料电池汽车而言,除了氢燃料的加工、存储等因素外,制约其发展的一大瓶颈是加氢站的普及程度。按照续航里程来看,要求在半径 500～1000km 之内最少有 1 个加氢站,才能保证车辆的连续行驶。而加氢站的设立受国家政策的影响较多。

6.5　燃料电池电动汽车的关键技术

1. 整车集成技术

在燃料电池汽车车型平台开发方面,国外已经由传统车辆平台改制模式转变为燃料电池汽车开发全新整车平台模式。例如,本田汽车公司 Clarity、丰田汽车公司 FCV、戴姆勒奔驰公司 F-Cell、通用公司 Chevrolet Equinox 等,均是全新结构燃料电池轿车,并基于新平台开展了空气动力学性能、轻量化、车身碰撞安全性、底盘系统主动控制以及面向舒适性的人机界面与人机工程等技术研究。而在中国,上汽股份、上海大众、一汽、长安、奇瑞等公司均是基于传统内燃机车辆改制形成燃料电池轿车,尚未开展燃料电池汽车专用车身与底盘开发、底盘动力学控制等关键技术研究,与国外尚存在较大差距。

2. 燃料电池发动机技术

(1) 在燃料电池发动机集成度方面,我国轿车用燃料电池发动机输出功率等级、功率密度等性能参数明显低于国外同类型燃料电池汽车用燃料电池技术性能。国外燃料电池电堆质量功率密度已超过 1600W/kg,体积功率密度已超过 2700W/L;而国内燃料电池电堆功率密度水平与国外存在一定差距。

(2) 在燃料电池发动机环境适应性,尤其是低温冷起动性能方面,国外燃料电池汽车已经实现 -30℃ 甚至 -40℃ 环境中冷起动,并在北欧瑞典地区开展冬季寒冷工况下实车道路试验。我国燃料电池汽车冷起动性能基本上还处在 0℃ 水平,仅个别单位最近在实验室中实现 -10℃ 和 -15℃ 环境中起动。

(3) 在燃料电池发动机可靠性、寿命方面,国外燃料电池质子交换膜已经超过 7300h,电堆实验室寿命提高到 5000h 以上,可靠性和耐久性水平基本达到了传统内燃机汽车同等水平,开发的燃料电池整车产品也基本满足用户需求。我国燃料电池汽车虽然经受住了北京奥运会、美国加利福尼亚州示范运行和上海世博会等大型国际活动的高温、高强度示范运行考验,但燃料电池电堆及关键部件寿命仍然无法满足整车产品寿命要求,低压燃料电池单堆动态循环工况试验运行时间仅突破 1500h,预测寿命仅 2000h。

3. 燃料电池关键材料

在燃料电池发动机成本控制关键技术研究方面,国外一方面研究低铂、非铂燃料电池技术,减少贵金属催化剂 Pt 用量;另一方面研究催化剂抗毒性,降低其运行成本。

4. 高压储氢系统技术

目前国外主流燃料电池汽车车型均采用 70MPa 的氢气存储和供给系统,而国内仍然维持在 35MPa 水平,影响我国燃料电池汽车整车续航能力的提高。此外,国内 35MPa 的氢气存储和供给系统中的传感器、阀门等零件还依赖进口,直接导致高压储氢系统成本过高。

第 **7** 章　电动汽车充电技术

现阶段,电动汽车除了电池容量、电机等关键技术问题外,充电技术也是阻碍电动汽车普及的因素之一。如何智能、快速地为电动汽车充电是众多汽厂商研发的重中之重。对电动汽车而言,充电装置要能满足安全性、便利性、经济成本、效率等多方面的要求。

7.1　电动汽车充电装置的类型

电动汽车充电装置的分类有不同的方法,总体上可分为车载充电装置和非车载充电装置。

7.1.1　电动汽车对充电装置的要求

1. 安全性

电动汽车充电时,如何保证人员的人身安全和蓄电池组的安全是至关重要的。这涉及多个环节:

(1) 操作者将电动汽车蓄电池组通过充电机与供电网相连接时;

(2) 充电结束后,操作者进行断开操作时;

(3) 充电过程中,人员接触纯电动汽车车体时;

(4) 充电机发生故障时;

(5) 外部环境条件恶劣,如雨雪天气时等。

充电机必须保证在各个环节都正常,甚至某个环节发生故障时,人员及蓄电池组都是安全的。

2. 易于使用

充电机应具有较高的智能性,不需要操作人员过多干预充电过程。

3. 成本经济

成本经济、价格低廉的充电机有助于降低整个纯电动汽车的成本,提高运行效益,促进纯电动汽车的商业化推广。

4. 高效率

高效率是对现代充电机最重要的要求之一,因为它对整个纯电动汽车的能量效率有巨大的影响。

7.1.2　车载充电装置

车载充电装置是指固定安装在电动汽车上的充电机,它采用地面交流电网或车载电源对电池组进行充电,包括车载充电机、车载充电发电机组和运行能量回收充电装置。它将一根带插头的交流动力电缆线直接插到电动汽车的插座中给电动汽车充电。如图 7-1 所示为电动汽车车载充电机。

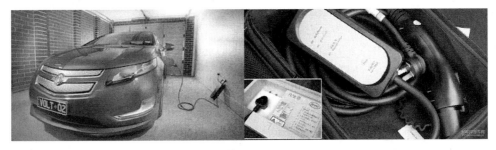

图 7-1　电动汽车车载充电机

车载充电装置通常使用结构简单、控制方便的接触式充电器,也可以是感应充电器。它完全按照车载蓄电池的种类进行设计,针对性较强。

7.1.3　非车载充电装置

非车载充电装置即地面充电装置,是指固定安装在电动汽车外,与交流电网连接,并为电动汽车动力电池提供直流电能的充电机。非车载充电装置主要包括专用充电机、专用充电站、通用充电机、公共场所用充电站等。它可以满足各种电池的各种充电方式。通常非车载充电器的功率、体积和质量均比较大,以适应各种充电方式。

非车载充电装置应能够达到电动汽车非车载充电机技术规范,即满足电动汽车用非车载充电机的使用条件、技术要求和检验试验项目等。电动汽车专用充电站如图 7-2 所示。

另外,根据对电动车蓄电池充电时的能量转换的方式不同,充电装置还分为接触式和感应式。

随着电力电子技术和变流控制技术的飞速发展,高精度可控变流技术的成熟和普及,分阶段恒流充电模式已经基本被充电电流和充电电压连续变化的恒压限流充电模式取代,目前主导充电工艺的还是恒压限流充电模式。接触式充电的最大问题在于它的安全性和通用性,为了使它满足严格的安全充电标准,必须在电路上采用许多措施使充电设备能够在各种环境下安全充电。恒压限流充电和分阶段恒流充电均属于接触式充电技术。

近年来,新型的电动汽车感应充电技术发展很快。感应充电器是利用高频交流磁场的变压器原理,将电能从离车的原方感应到车载的副方,以达到给蓄电池充电的目的。感应充

图 7-2　电动汽车专用充电站

电的最大优点是安全，这是因为充电器与电动汽车之间并无直接的点接触，使得即使电动汽车在恶劣的气候下（如雨雪天）进行充电也无触电的危险。

7.2　电动汽车充电方法

纯电动汽车动力蓄电池放电后，用直流电源连接动力蓄电池，将电能转化为动力蓄电池的化学能，使它恢复工作能力，这个过程称为动力蓄电池充电。动力蓄电池充电时，动力蓄电池正极与充电电源正极相连，动力蓄电池负极与充电电源负极相连，充电电源电压必须高于动力蓄电池的总电动势。

合适的充电方式不仅能够最大限度地发挥电池的容量，而且可以延长电池的使用寿命。电动汽车的充电方法包括恒压充电、恒流充电和脉冲快速充电三种。

7.2.1　恒压充电

恒压充电是最基本的控制方式，电池端电压和电流的关系如图 7-3 所示。开始时，给定一个期望电压值，系统开始充电，充电电流随充电的进行不断减小；当充电电流小于一定值后，充电过程结束。

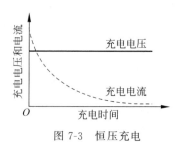

图 7-3　恒压充电

恒压充电的最大特点就是控制简单。由于充电终期只有很小的电流流过，所以析气量小，能耗低；但由于充电初期充电电流过大，容易对电池极板造成冲击，严重时会损坏电池。

恒压充电方式一般用于电池中途的补给充电,在开始充电阶段,一定要加保护措施,限制电流的最大值。

7.2.2　恒流充电

恒流充电方法的控制过程如图 7-4 所示。开始时,充电器以恒定较大电流为电池充电;电池将要充满时,改用恒定的小电流为电池充电,进入浮充阶段。浮充的作用是为了补偿电池自放电的影响。恒流充电方法能对电池组中的落后电池完全充电,消除电池电压的不平衡;但充电时间很长,析气严重,能耗高。

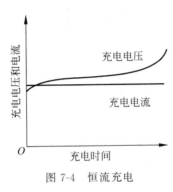

图 7-4　恒流充电

7.2.3　脉冲快速充电

脉冲快速充电方法首先是用脉冲电流对动力蓄电池充电,然后让电池停充一段时间,如此循环。脉冲充电方法遵循动力蓄电池固有的充电接受率,能够提高动力蓄电池充电接受率,从而打破了动力蓄电池充电接受曲线的限制。

脉冲快速充电的充电电流与充电时间关系如图 7-5 所示。充电脉冲使动力蓄电池充满电量,间歇期使蓄电池经化学反应产生的氧气和氢气有时间重新化合而被吸收掉,使浓差极化和欧姆极化自然而然地得到消除,从而减轻了动力蓄电池的内压,使下一轮的恒流充电能够更加顺利地进行,使动力蓄电池可以吸收更多的电量。这种充电方法增大放电容量,减少电池发热,提高充电效率;缩短了充电时间,不产生大量气体和热量,但充电能量转化效率低,对动力蓄电池损害较大。

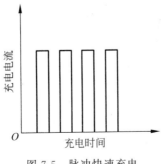

图 7-5　脉冲快速充电

7.3　电动汽车充电方式

电动汽车充电是电动汽车使用过程中必不可少的环节，充电快慢影响着电动车使用者出行的规律。根据电动车动力电池组的技术特性和使用性质，存在着不同的充电方式。电动汽车充电方式主要包括常规充电方式、快速充电方式、无线充电方式、更换电池充电方式和移动式充电方式。

7.3.1　常规充电方式

常规充电即采用随车配备的便携式充电设备进行充电，可使用家用电源或专用的充电桩电源。充电电流较小一般在16～32A，电流可直流或者两相交流电和三相交流电。根据电池组容量的大小，充电时间一般为5～8h。

该充电方式采用恒压、恒流的传统充电方式对电动汽车进行充电。以相当低的充电电流为蓄电池充电，电流大小约为15A，若以120A·h（例如360V，即串联12V 100A·h 30只）的蓄电池为例，充电时间要持续8个多小时。相应的充电器的工作和安装成本相对比较低。电动汽车家用充电设施（车载充电机）和小型充电站多采用这种充电方式。车载充电机是纯电动轿车的一种最基本的充电设备。如图7-6所示，充电机作为标准配置固定在车上或放在行李厢里。由于只需将车载充电机的插头插到停车场或家中的电源插座上即可进行充电，因此充电过程一般由使用者自己独立完成。直接从低压照明电路取电，电功率较小，由220V/16A 规格的标准电网电源供电。典型的充电时间为8～10h（SOC 达到95%以上）。这种充电方式对电网没有特殊要求，只要能够满足照明要求的供电质量就能够使用。由于在家中充电通常是晚上或者是在电力低谷期，有利于电能的有效利用，因此电力部门一般会给予电动汽车用户一些优惠，例如电力低谷期充电打折。

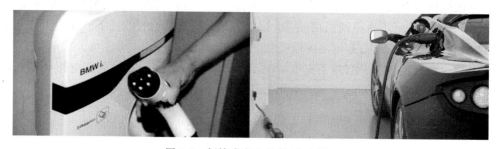

图7-6　便捷式充电设备（充电机）

除了用便捷充电设备使用家用电源充电外，小型充电站（充电桩）是电动汽车的一种最重要的充电方式。充电站可设置在街边、超市、办公楼、停车场等处（见图7-7），采用常规充电电流充电。电动汽车驾驶员只需将车停靠在充电站指定的位置上，接上电线即可开始充电。计费方式是投币或刷卡，充电功率一般在5～10kW，采用三相四线制380V供电或单相220V供电。其典型的充电时间是：补电1～2h，充满5～8h（SOC 达到95%以上）。

尽管常规充电方式的缺点非常明显，充电时间较长，但其对充电的要求并不高，充电机

图 7-7 小型充电站

和安装成本较低；可充分利用电力低谷时段进行充电，降低充电成本；更为重要的优点是可对电池深度充电，提升电池充放电效率，延长电池寿命。

7.3.2 快速充电方式

快速充电方式，顾名思义就是能快速充满电的充电方式，它通过非车载充电机采用大电流给电池直接充电，使电池在短时间内可充至 80% 左右的电量，因此也称为应急充电。其目的是在短时间内给电动汽车充满电，充电时间应该与燃油车的加油时间接近。大型充电站（机）多采用这种充电方式。快速充电模式的代表为特斯拉超级充电站（见图 7-8）。快速充电模式的电流和电压一般在 $150\sim400A$ 和 $200\sim750V$，充电功率大于 50kW。此种方式多为直流供电方式，地面的充电机功率大，输出电流和电压变化范围宽。

图 7-8 特斯拉的超级充电站

大型充电站（机）快速充电方式主要针对长距离旅行或需要进行快速补充电能的情况，充电机功率很大，采用三相四线制 380V 供电，典型的充电时间为 $10\sim30min$。这种充电方式对电池寿命有一定的影响，特别是普通蓄电池不能进行快速充电，因为在短时间内接受大量的电量会导致蓄电池过热。快速充电站的关键是非车载快速充电组件，它能够输出 35kW 甚至更高的功率。由于功率和电流的额定值都很高，因此这种充电方式对电网有较高的要求，一般应靠近 10kW 变电站附近或在监测站和服务中心中使用。如图 7-9 所示为特斯拉电动汽车在快速充电站充电时的界面。

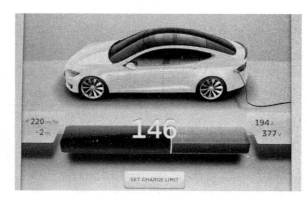

图 7-9　特斯拉电动汽车充电界面

以特斯拉超级充电站为例,特斯拉从 10% 充到 80% 的电量会很快,可保证轻松在许多超级充电站之间接力行驶。从 80% 充到 100% 电量所需时间与充入前 80% 电量所需时间基本相同,其原因是充满电芯时需要减小充电电流,如同往杯子倒水要避免溢出,将要倒满时,需要降低倒水的流速一样。

虽然快速充电的充电速度非常高,其充电时间接近内燃机注入燃油的时间,可是它对充电设备的安装要求和成本非常高。并且快速充电的电流电压较高,短时间内对电池的冲击较大,容易令电池的活性物质脱落和电池发热,因此对电池保护散热方面要求更高。此外,并不是每款车型都支持快速充电,因此在车辆开发之初,需要针对快速充电选择特殊电池。但无论电池多么完美,长期快速充电终究会影响电池的使用寿命。

7.3.3　无线充电方式

上面所述的充电方式,无论是使用 16A、10A 电流的传统方式,还是使用高充电电流的快速充电,都会受到"线的羁绊",充电装置以及充电时使用的线路令其多少要受到场地的制约,而无线充电则在一定程度上解决了这个问题。如图 7-10 所示,通过布置在地面的供电线圈及车辆底部的受电线圈,通过线圈间产生的磁共振取代传统输电线为车辆充电,这就是所谓的无线充电方式。无线充电方式对供、受电线圈的间距要求较高。

图 7-10　无线充电

　　电动汽车无线充电方式是近几年国外的研究成果,其原理就像在车里使用的移动电话——将电能转换成一种符合现行技术标准要求的特殊激光或微波束,在汽车顶上安装一个专用天线接收即可。有了无线充电技术,公路上行驶的电动汽车或双能源汽车可通过安装在电线杆或其他高层建筑上的发射器快速补充电能。电费可从汽车上安装的预付卡中扣除。

　　图 7-11 所示为美国 HEVO 公司的“智能井盖”,它通过核磁共振技术对车辆进行充电。充电装置布置在井盖上可以利用现有资源,减少对路面的破坏。

图 7-11　可无线充电的智能井盖

7.3.4　更换电池充电方式

　　除了以上几种充电方式外,还可以采用更换电池组的方式,即在蓄电池电量耗尽时,用充满电的电池组更换已经耗尽的电池组。蓄电池归服务站或电池厂商所有,电动汽车用户只需租用电池。电动汽车用户把车停在一个特定的区域,然后用更换电池组的机器将耗尽的蓄电池取下,换上已充满电的电池组。对于更换下来的未充电蓄电池,可以在服务站充电,也可以集中收集起来以后再充电。由于电池更换过程包括机械更换和蓄电池充电,因此有时也称它为机械“加油”或机械充电。电池更换站同时具备正常充电站和快速充电站的优点,也就是说可以用低谷电给蓄电池充电,同时又能在很短的时间内完成“加油”过程。通过使用机械设备,整个电池更换过程可以在 10min 内完成,与现有的燃油车加油时间大致相当。

　　目前,杭州部分地区试点运行的电动出租车更换电池速度已经可以控制在 5min 内,不过这种方法还存在不少问题有待解决。首先,这种电池更换系统的初始成本很高,其中包括昂贵的机械装置和大量的蓄电池。其次,由于存放大量未充电和已充电的蓄电池需要很多空间,因此修建一个蓄电池更换站所需空间远大于修建一个正常充电站或快速充电站所需的空间。还有,在蓄电池自动更换系统得到应用之前,需要对蓄电池的物理尺寸和电气参数制定统一的标准。

　　因此,更换电池的充电模式并没有大规模使用,仅适用出租车、公交车等规律的商业运营车辆。如图 7-12 所示,充电站正在为出租车更换电池。

图 7-12　更换电池式的充电方式

7.3.5　移动式充电方式

对电动汽车蓄电池而言，最理想的情况就是汽车在路上巡航时充电，即所谓的移动式充电（mobile auto charging，MAC）。这样，电动汽车用户就没有必要去寻找充电站、停放车辆并花费时间去充电了。MAC 系统埋设在一段路面之下（即充电区），不需要额外的空间。如图 7-13 所示为未来移动式的感应充电方式。

图 7-13　未来的移动式充电

接触式和感应式的 MAC 系统都可实施。对接触式的 MAC 系统而言，需要在车体的底部装一个接触拱，通过与嵌在路面上的充电元件相接触，接触拱便可获得瞬时高电流。当电动汽车巡航通过 MAC 区时，其充电过程为脉冲充电。对于感应式的 MAC 系统，车载式接触拱由感应线圈所取代，嵌在路面上的充电元件由可产生强磁场的高电流绕组所取代。很明显，由于机械损耗和接触拱的安装位置等因素的影响，接触式的 MAC 对人们的吸引力不大。

目前的研究主要集中在感应式充电方式，因为它不需要机械接触，也不会产生大的位置误差。当然,这种充电方式的投资巨大,现在仍处于试验阶段。

随着电动汽车产业的快速发展,充电技术将是我国未来纯电动汽车的主要发展方向。智能、快速的充电方式已成为电动汽车充电技术发展的趋势。电动汽车充电技术的开发研究是一项巨大的工程,没有任何一个部门能够独立完成这项工程。充电技术的发展还必须凭借政府、社会组织、电动汽车厂商、电力部门、电池厂商等各方面的通力合作,才能促使电动汽车充电技术的研究与电动汽车产业化进程有序、协调的发展。

参 考 文 献

［1］ 马德粮.新能源汽车技术[M].北京：清华大学出版社,2017.
［2］ 张凯.动力电池管理及维护技术[M].北京：清华大学出版社,2017.
［3］ 喻超,王保华.电动汽车关键技术现状与发展[J].湖北汽车工业学院学报,2015,9：40-42.
［4］ 张冰战.插电式混合动力电动汽车能量管理策略研究[D].合肥：合肥工业大学,2011.
［5］ 田春霞.纯电动汽车的优缺点及发展制约[J].大众科技,2011,12：139.
［6］ 田长栓,马艳霞.我国天然气汽车的特点与改装维护分析[J].燃气青年工程师论坛,2011：279-281.
［7］ 崔胜民,韩建军.新能源汽车概论[M].北京：北京大学出版社,2011.
［8］ 付铁军.新能源汽车[M].北京：机械工业出版社,2015.
［9］ 刘邛,侯明月.新能源汽车大讲堂[M].北京：人民交通出版社,2011.